OMUPブックレット No.49

法社会学叙説
― 法と社会についての「蜜」談 ―

和田　安弘

目　次

はじめに	3
第1講（社会とは何か）	6
第2講（社会化と社会統制）	14
第3講（社会的ルールについての考察）	20
第4講（社会規範の諸類型）	28
第5講（法というものの全体像）	37
第6講（紛争概念と紛争解決）	48
第7講（権利の成立）	56
第8講（日本社会における権利の位置づけ）	67
第9講（権利主張としての裁判）	75
第10講（権利の性質と社会的機能）	84
おわりに	93

大阪公立大学共同出版会

はじめに

　本書は、大学で「法社会学」という学問を専攻する者によって書かれた「法社会学を楽しむための本」である。法社会学（特に、そのうちの紛争研究）がどのような問題関心をもつ分野であるかについては、2012年刊行の拙著『紛争と共感のリアリティ』で述べたとおりである[1]。しかしながら、この著書は一般の方には著しく不人気である。どうやら「難しい」本と見られているらしいのである。著者の意図としては、研究書であるとともに教養書でもあるように心がけて書いた本なので、「難しい」イメージがネックとなって内容理解に結びつかないのだとすれば、それはいかにも残念なことである。

　これは何とかしなければと思い立って、本書を企画してみた。法社会学を論じた本はこれまでにも数多く存在するが、「法社会学を楽しむための本」というのは一冊もなかったように思われる。この企画の趣旨は、法社会学に関してこれまでに私が述べてきたことのすべて（著書・論文・エッセー・講義・講演・私的談話・独り言）を視野に入れ、それらをベースにしながら、最近の話題もまじえて、新たな構成と語り口で一気に「叙述」してみることである。これによって、法社会学という一般的にはあまり知られていないであろう学問を、身近に感じられる教養や知恵として位置づけられるのではないか。より広い範囲の人々の間で、法と社会に関するさまざまな問題を共有し議論していけるようになるのではないか。そんな「皮算用」をしてみたりもした。

　もとより、一口に「法社会学」と言っても、その学問領域は驚くほど広い。一方では、法律学の伝統が人類の英知としてあり、（広義での）法学でもある法社会学はその遺伝子を受け継ぐ存在である。他方、社会学をはじめとする人文科学に身をおく法社会学は、人類学や心理学、哲

学、経済学などの幅広い分野ともその軒を接している。本書がその膨大な学問領域を覆い尽くすような大作を志すものでないことはもちろんであるが[2]、法社会学という巨大な構築物の一部となることではない「法社会学を楽しむための本」としての位置づけにおいて、本書にもそれなりの存在意義を見出すことはできるように思われる。

　このように本書は、実にささやかな試みであり、以下の四つのテーマについての「叙述」から成り立っている。そのテーマは、「社会」「法」「紛争」「権利」である。これらがどれも「法社会学」を語る上で核となるテーマであることは、本論を読み進めていただければすぐに納得いただけるものと思われる。そして、これらのテーマをつなぐものとして、「社会規範（その類型と性質）」と「裁判（紛争処理と紛争解決）」の話が随所に登場する。社会とは何なのかということを知り、そこに充満している社会規範に着目することから法と紛争の無限循環へと視野を広げていき、その法現象を、個人（法的主体）の視点から捉えなおすことで権利というものの探求に至る、という流れである。「叙述」の体裁・形式としては、大学などでの講義を思い浮かべながら、全体を10講にまとめた。

　本書の副題が示すように、ここに書かれていることはすべて「蜜の味」である。本文はできる限り平易に書くことを心がけた。法学や社会学に関する予備知識がなくても、楽しく読んで理解できる内容になっている。しかし、ただ単に「平易」なだけでは面白くない。わかる「読み物」であると同時に、専門書として読んでも興味のもてる内容になっている。平易にして厳密。この二律背反的な要請に応えるために、本書本文における叙述は平易に徹して、少々厳密な議論は（主に）注の中で展開することとした。高度に抽象化され洗練された理論を、わかりやすく読み解く工夫として、こうした構成にしてみたのである。しかしながら、その試みが果たしてうまくいっているかどうかは著者にはわからない。その判断は、これを読まれる方にお任せするしかないが、能書きはこれくら

いにして、さっそく本論へ。

【注】
1）和田安弘『紛争と共感のリアリティ：「リアリティの共有」に関する法社会学的考察』大阪公立大学共同出版会、2012年。
2）私の師が還暦を迎える頃に公刊された著書（石村善助『法社会学序説』）が法社会学の「序説」であったことが、ここであらためて思い起こされる。愛読書（E・エールリッヒ著『法社会学の基礎づけ（*Grundlegung der Soziologie des Rechts*)』）への連想があるとしても、理論と実証の「法社会学」の世界の奥深さを考えれば、「序説」は謙虚にして適切な表題であったのかもしれない。

第1講（社会とは何か）

　大人でも子供でも、ほとんど誰でもが知っている「社会」という言葉ではあるが、その意味を簡潔に述べよと言われたら、多くの人が戸惑うに違いない。よく知っている言葉ほど、それを明確に定義するのは難しいものである。言葉の使われ方というのは、通常、遂行的なものであり、現に支障なく使われていることによってその通用性が保証されている言語ゲームであることを考えれば、それも当然のことであろう。しかし、学問という営みは、その遂行的通用性に対して意図的な斬り込みを行うことによって、それまで語られることのなかった前提を掘り起こす作業でもある。それゆえ、法社会学を語るためには、まず、「社会とは何か」という基本的な問いに立ち返ることから始めなければならない。

　社会とは何か。それは、「社会」を構成する諸個人間の相互行為を可能にする装置のようなものであるが、もちろん、物理的存在ではない。それには目に見える形はないが、意味のシステムとして、諸個人を縛る力がある。例えば、世界中のモノには、そのほぼすべてに名前がつけられているが、諸個人は、社会的に定着しているその「名前」とそれに付随するおおよその意味を知ることを求められる。そうした「物知り」になることが、社会で生きていくためには必要なのである。

　それは何故なのか、以下に考えてみたいと思う。世界を切り分け、世界中のアレコレを人間の認識対象としていくという人類共通の営為は、世界に意味というものを見出そうとする営みであると言ってもよい。モノに「名前」をつけることがそのもっとも単純な例になる。世界中のアレコレは人間の認識対象として切り取られることによっても「意味」が生まれるからである。そのアレはもうただのアレではなくて、イシとかイワとか呼ばれることを通じて、「名前」には（硬くて、武器になったり、

危険なものとなったりするという性質が人間の間での共有認識となることによって、ただの名前には止まらない)「意味」が付帯してくる。

　しかし、実際に起きた原初的な意味の生成メカニズムは、こうした「名づけ」よりもう少し複雑な様相を呈しているに違いない。つまり「意味」は人間と人間の間での相互行為（行為という言葉を避けるならば、相互交流とでも呼べるもの）を通じて生成されるものであるということである。「行為action」という概念を「行動behavior」という概念から分け、生物一般に見られるSR図式（刺激stimulusと反応responseに着目する生命現象の理解枠組み）を超えたものとして、すなわち意味的な営みとして「行為」を捉える社会学の慣用では、「行為」にはすでに「意味」が（潜在的あるいは顕在的に）付与されていることになる。つまり、いったん生成され共有されている「意味」は「行為」概念の前提となっているということである。しかし、その「意味」はそもそもどのようにして生成されるのか、また、意味の生成は、言語の成立とどのように関わるのか。こうした問題関心はそれ自体とても興味深いものであるが、ここではこれ以上の深入りはせず、G・H・ミードの議論を参考にして、「意味」は「反応」の中に現れ、それが言語化されて社会の中に定着するということを確認するに止めておきたいと思う[3]。

　ここで重要なのは、生み出された「意味」は、人間の場合、言語化されて社会の中に定着する、したがって、通常は、意味の世界は言語という世界の中に展開することになるということである。我々はみな、幼児期から、社会の言葉を覚えるように躾けられるが、それはとりもなおさず、社会の中に蓄えられた意味を覚えていくことであり、より具体的には、社会の中のさまざまな決まりごとを覚えていくことに他ならない。こうして社会的ルールは一人ひとりの個々人に内面化・内在化されるのであるが、ある詩人の感性を通してこのことが語られると次のようになる[4]。

二、三日前、夕方の街を、買いものへと自転車を走らせていた。四車線道路へ出て、雨あがりの湿った冷たい風を頬に受けていた時、あらゆる約束事が抽象的に思えてならなかった。友人や仲間と会う約束ばかりでなく、仕事も勤めも約束事で成り立っている。約束は意味と言い換えてもいいが、意味によって生きることは、瞬間瞬間を漂う生理や感覚に方向を与えてしまうのだ。とは言っても、瞬間ごとの無垢な自分をつなぎ合わせても、あてどなさの他になにが視えてくるというのだろう。

　第1講のはじめのほうで、社会を「社会を構成する諸個人間の相互行為を可能にする装置のようなもの」と表現したのは、以上のような理解に基づいてのことである。人間に文明というものが備わった後では、我々はみな、すでに意味の蓄積された社会に生まれ落ちるのであるから、意味はすべて社会からやってくる。そう言い切ってもよいであろう。しかし、そもそも人間は何故そのような意味の世界に生きるのであろうか。その問いに答えるために私が用意する小道具がある。それがSMAP図式である。

　SMAPとは、生存（Survival）・維持（Maintenance）・情愛（Affection）・追求（Pursuit）という人間の基本欲求のことである。人間も生き物であるから、当然に生存欲求を持つ。それがなければ、種としてはとうの昔に絶滅していたことであろう。食糧や水や安全などの確保は、生きるためには必須の条件である。しかし、人間以外の動物と人間が共通に持つこの欲求が確保された後にも、人間には、その他の動物には明確には（あるいは、自覚的には）見られないような欲求が存在する。時間感覚を持つ人間であるために、生存の確保を企図すれば将来をも見通した営みが必要となり、自然への働きかけを通じて富や財が蓄積され、ひいては人間社会に貧富の差や権威ないし権力の構造を生み出すことになる。さらに、社会的動物である人間は孤独には耐えられないので、その社会性が「愛すること（loving）」の必然性を導き[5]、他者や社会に受け入れられる人間となること（帰属感が満たされ、敬意を払われる自我を維

持できること）が希求されるようになる。そして、そのような自我に、自分自身で思い描く「自分らしさ」を見ることができるならば、その生は人間として十分に満たされたものになるに違いない[6]。

　人間にとって、社会とは、これらの基本欲求を満たしてくれる装置なのである。極限的な事例を別にすれば、人間は社会なしにはSMAPのどれひとつ満たすことはできない。それは、意味を離れた世界においては、人間がSMAPを満足させることはできないからである。人が生きるということは、すなわち、人間の相互行為を可能にする「意味」を生み出し蓄積する装置である社会の中に生きるということなのである。社会なしには、我々は人間としては生きていけない。

　最後にひとつ応用問題を考えてみよう。人間も生まれ落ちたときには、そしてその後しばらく乳幼児として生きている頃にも、おそらく、大人になってからは当然となる「意味の世界」での生活はしていなかったことだろう。つまり、他の動物と同じように人間も、環境（ソトの世界）と、意味や言語の介在なしに、直に、向き合っていたはずである。ならば、大人になってからも、ときにはその昔の姿のように、世界を直接に感じ取ることはできないのだろうか。思うのでも考えるのでもなく、すでに存在する既成の意味に絡めとられることなく、感じるままに世界を受けとめる。そんなことができないだろうか。

　大学での講義の際に、この話題を取り上げたことがある。それを真剣に受けとめて、ある学生がレポートの中でこう答えてくれた。「考えるのをやめようと考えて」しまう自分を発見した、と。確かに、通常、我々は当然のように「意味の世界」の中で生きていて、そこから一歩も出ることがないようにも思われる。しかし、言葉にできないような素晴らしい音楽や自然の驚異との触れ合いがあったとき、あるいは突然の危険が切迫したときなど、大人の世界にも、「意味」を超えた、世界との直接的な出合いはあると思われる。我々も、ときには、そのような感性を取

り戻してみてはどうだろうか。そのことはまた、我々に意味（ないしは、それを伝達可能にする社会）の意義の大きさを知らせてくれることになるであろう。

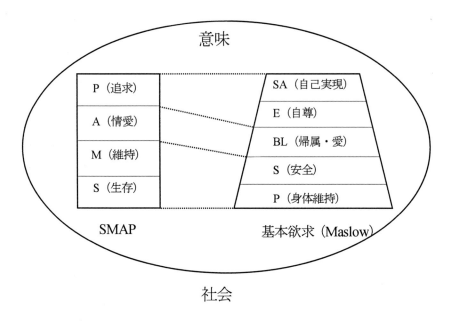

図1　意味の世界に生きる

【注】

3）言語の成立以前に「意味の生成」が起きるとするミードの論点を整理すると、およそ以下のようになる（後掲Mead, p.75以下参照）。ある有機体AがBに対してある振舞い（gesture）をして、それがBにとってはAによるその後の行動を指し示すものと受け取られたとすれば、最初の振舞いはそのように理解された限りでの「意味」をもっている。つまり、Aの振舞いに（その後に出現する）意味がすでに胚胎してはいるが、それはあくまでBの反応を介することによって出現するものなのである。Aが「＜おい＞」と声を発してBが立ち止まるならば、Aの振舞

いには「呼びかけ」とか「脅し」とかの意味が付与されうるということである。Mead自身は、親鳥の鳴声に反応して危険や餌の存在を察知する雛鳥の反応の中にこそ親鳥の振舞いの意味が生じることや、そもそも「食物」なるものはそれを食物として消化できる生物の存在を前提として成り立つ概念であることを例として挙げている。("For example, the chick's response to the cluck of the mother hen is a response to the meaning of the cluck; the cluck …… has this meaning or connotation for the chick." "There would, for example, be no food …… if there were no organisms which could digest it." 後掲p.77）また、こうした意味の成立は、必ずしもその当事者に自覚されていることを必要としない（"Awareness or consciousness is not necessary to the presence of meaning …… mechanism of meaning is thus present in the social act before the emergence of consciousness of meaning occurs." 同上）のであるが、この意味が社会の中で言語化されているならば、最初の振舞い（＝言語による振舞い）の意味を、相手の反応が返ってくる前から、話者自身がすでに半ば理解していることになる。つまり、言語によるコミュニケーションは、自分自身へも向けられたメッセージによって成り立っているのである。このために、人間の相互行為には「誤解」がつきものであり、行為者にとっては自らの意図が理解されていないという苛立ち（「そうじゃないんだよ！」という思い）を生むコミュニケーションとなりうる。そしてこの点は、紛争研究の分野においても重要な意味をもつことになる（後出第6講参照）。ミードの所説については、George Herbert Mead, *Mind, Self, and Society*, Univ. of Chicago Press, 1934 (Paperback 1967)（邦訳：G・H・ミード（河村望訳）『精神・自我・社会』人間の科学社、1995年）参照。

4) 井坂洋子『＜詩＞の誘惑』（丸善ブックス、1995年）p.24より引用。
5) 社会の中で生きる人間にとって「愛（すること）」がいかに重要な作用をもたらすかについては、E・フロムによる著作（特に、Erich Fromm, *The Art of Loving*, 1957（邦訳：エーリッヒ・フロム（鈴木晶訳）『愛す

るということ』紀伊國屋書店）など、比較的後期の論考）および「愛」を理論的に議論した前掲拙著『紛争と共感のリアリティ』第3章、参照。

6）人間の基本欲求についての議論は、私がSMAP図式を語るずっと以前に、A・H・マズローによって詳細に展開されているが、その議論は、本文で言及したSMAP図式の論旨とは力点を異にしている。以下にその要点のみ紹介しておきたい。マズローの挙げた基本欲求は5つであり、身体維持（Physiological Needs）・安全（Safety Needs）・帰属＆愛（Belongingness and Love Needs）・自尊（Esteem Needs）・自己実現（Self-actualization Needs）へと段階的に位置づけられている。より低次の欲求が満足されるとより高次の欲求が順次出現する（自覚される）構造が想定されており、それぞれの段階での欲求が満たされたならば、個体はその不充足状態から解放されて、未充足のより高次な欲求へと関心を移行させるということである。マズローは、「満たされた不足はもはや不足ではないのであり、個体は［その不充足状態からは解放されて］未だ満たされていない欲求のみに指向するようになるのである "a want that is satisfied is no longer a want. The organism is dominated and its behavior organized only by unsatisfied needs"」（後掲p.18）と述べている。このようにして、より低次の即物的な欲求からより高次の社会的な欲求へと志向を上昇させていき、社会の中に確かな居場所を確保し、自尊の状態を保てるような社会的承認を得られた個体は、最後に、「その人が潜在的にもっている可能性を実現しよう "to become actualized in what they are potentially"」（後掲p.22）とする自己実現の願望に至る。マズローは、人間がこのような基本欲求をもつことは本能的行動であると考え（後掲p.52以下参照）、その仮説を支持するデータと理論の検討へと議論を展開する。そしてさらに、この基本的構図を心理臨床的な諸問題に適用し、心（と身体）の健康は、その基本欲求が満たされているか否かによって基本的には決定されることがらであること、また、最終欲求である自己実現が満たされている状態ではいかなる人間像を見ることになるのかということの思索へと議論が展開する。参照文献は以下のとおりである。

Abraham H. Maslow, *Motivation and Personality*, 3rd ed., Longman, 1987. なお、邦訳『(改訂新版) 人間性の心理学』(小口忠彦訳・産業能率大学出版部、1987年) は、原著第2版 (1970年) の全訳である。第3版 (Robert Frager他編集) では、それがさらに精緻な構成に整理されている。本書での議論は、上記の引用を含め、すべて第3版に基づくものである。

第2講 (社会化と社会統制)

　第1講で述べたことをここにそのまま引用する。「我々はみな、幼児期から、社会の言葉を覚えるように躾けられるが、それはとりもなおさず、社会の中に蓄えられた意味を覚えていくことであり、より具体的には、社会の中のさまざまな決まりごとを覚えていくことに他ならない。こうして社会的ルールは一人ひとりの個々人に内面化・内在化されるのである。」このように社会のメンバーが当該社会のルールを覚えていくこと、社会の側から言えば、メンバーに社会のルールを仕込んでいくこと、これが「社会化 (socialization)」と呼ばれる過程の内容である。

　したがって、社会化の機能として考えられることは、概ね次のようなことだと言える。1. 社会の構成員である諸個人の自我を「社会的自我」(すなわち、個人の自我の発現が社会秩序の維持と衝突することのないような、自分のことを考えてする行為の中に社会的要請が組み込まれているような構図を内面化している自我のこと)に育て上げること、および、2. そのことによって社会単位での特性 (すなわち、社会の文化特性)が世代を超えて受け継がれていくことを可能にすること、である。これらの二点は、本来、一体のものであるから、社会化とは、構成員である諸個人 (ヒト) を社会の中で生きる「人間」に変容させることによって、個人と社会の相互規定 (「社会の中で生きて (生活して) いる個人、そしてその個人の中に生きて (息づいて) いる社会」[7]) を実現させる過程だということにもなる。

　社会化には段階があると考えたほうがわかりやすいであろう。幼児は、親などの社会の代理人 (社会と社会化される個人とを実際に結びつけるエージェント) から、あれやこれやの社会的ルール (法、慣習、村のしきたり、家のきまり、仲間同士のエチケット、等々) を教え込まれるが、

幼児本人にとっては、これらの決まりごとはどれも相当に鬱陶しいものであるに違いない。例えば、ミルクは飲むだけでなくテーブルにこぼして（ヌルヌル状態を作って）遊ぶことのできる道具でもありうるのに、社会のルールはこうした創造的な生に手かせ足かせをはめてしまうことになる。ただし厳密に言えば、これらの決まりの詳細を覚えることで彼らの世界にまず定着するのは、あれこれのルールの中味であるというより、そもそも世界には決まりがあるのだという認識であろう。この世界にはルールがある、それを自分に押しつけてくる何者かが存在するという認識は、個人と社会を結ぶ最初の紐帯である。これを「第一次社会化（primary socialization）」の成立と呼んでいる。

　この第一次社会化は、喩えるならば、パソコンのOSのようなものであり、その基礎の上に、人はさまざまな社会的ルール（応用ソフト）を身につけていく。人は学校で、会社で、軍隊で、とどこへ行っても、あるいは家族の中においてさえ（母や父や兄や妹などという）社会的な位置（position）に配置される。それらはすべて社会的地位（status）となり、それに相応しい役割（roles）を果たすことが期待されるようになる。つまり、我々はさまざまな小社会のルールを覚え実践していくように期待され、ほとんどの場合は、そうした期待に応えていくのである。これが「第二次社会化（secondary socialization）」の過程であり、転職の例などを考えればすぐにわかるように、第二次社会化には基本的に終わりがない。したがって、人間には常に「再社会化（resocialization）」の機会が待ち受けていると言える[8]。

　では、こうした社会化は、個人個人の実際の生活の中では、どのように達成されるのであろうか。そのミクロの過程についても要点を述べておきたい。実は、この過程は上述した「地位」と「役割」の展開そのものである。地位を得た個人はそれに相応しい（と社会的に決まっている）役割を引き受けるようになる。もちろん、例外的には、社会的な役割を

引き受けない人もいるが、そうした例外への対処については後に見る(第2講後述)こととして、まずは、大多数の人々には「役割の引き受け」という現象が見られることを確認しておこう。

　分娩を通じて生物学的意味での母親になった女性は、社会的に期待されている母親の役割を引き受けようとするであろう。そうするとそこには、新生児を相手の育児という、新米ママにとっては途轍もなく難儀な修羅場が待っている。悪戦苦闘の試行錯誤が始まるのである。涙あり笑いあり、そして何より感動ありの試運転を無事にくぐり抜ければ、そのご褒美に、母親になった私という自我の確立を手にすることができる。こうして生物学的な母親は社会的にも認められた「母親」になっていくのである。また、この試行錯誤(試運転)の過程は「自己呈示」の過程そのものでもあるから、そこで重要な作用をするのは、言うまでもなく「他者の視線」である。人は誰も自分ひとりで自分を見ることはできず、他者という「鏡」に映った自分(他者との意味的なやりとりの中で、他者の「振舞い」を通じて見出すことのできる自分というもの)を感じ取り、それを受け入れることになるのであるから。その視線は当人にとってはきついサンクションとして働き、それが否定的なものであれば挫折感を、肯定的なものであれば達成感を導き、そのことによって相応な自我の形成がなされていくことになる[9]。

　この役割の引き受けから自我の確立までの過程が、社会化という変容の本質をよく示している。そこにおいて自我は、見事に社会的自我として安定するのであり、社会のルールはその個人に内面化・内在化されるのである。このことにより、個人は社会のルールに縛られるようになるが、縛られているという不自由さを感じることすらなく、いわばそれに自ら進んで縛られている状態が成立するのである。しかしながら、上述したように、社会的役割の引き受けに関して「例外的」な人もいて、そもそも役割の引き受けを拒否したり、拒否はしないまでもその後の試行

錯誤の過程で社会秩序のレールから脱線してしまう人も少なからず存在している。

　そうした人たちには、社会化の圧力はあまり（あるいは、まったく）有効ではない。そこで、一般モデル的に述べれば、社会は、社会化の主システムの外に、「社会統制（social control）」という副次システムを用意して、主システムの枠からあふれてしまった人に対して、別枠での特別な対応を施すことになる。そのもっとも極端な（したがって、わかりやすい）例が、社会の犯罪者に対する処遇であろう。現代社会では、警察・裁判所・刑務所などの法執行機関や矯正機関などの働きがこの副次システムに相当する。

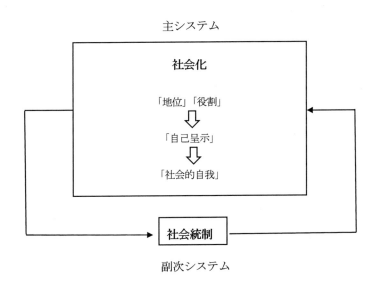

図2　社会化と社会統制

　ちなみに、社会の中の法は、本来、主システムである社会そのもの（社会化が行われるシステム）の中に存在している。しかしながら、その存在の詳細は、見えないのが普通である。当然の遂行の中に存在している

ものはそれとして意識されることがないからである。殺すなかれ、盗むなかれ、契約は守れ。これらすべて「当たり前」のことが当たり前として遂行されているときには、人はそれをいちいち法として意識することもない。しかし、その当たり前が壊されたときには、法は副次システムの中で可視化する。そのため、人々のもつ法のイメージは、犯罪や裁判などのドラマに描かれる法の世界と結びつきやすくなるのである。しかし、法の源泉およびその展開を可能にする力は、あくまで社会そのものの中にある[10]。このことについては後に詳述する（第5講参照）。

【注】

7）和田安弘『法と紛争の社会学：法社会学入門』（世界思想社、1994年）p.28 より引用。

8）社会化をこのように第一次社会化と第二次社会化の二つの過程として捉える考え方は、私独自のものではなく、社会学においてはかなり一般的であると思われる。例えば、広く読まれている社会学の教科書においても同様な記述（"Primary socialization occurs in infancy and childhood ...... Secondary socialization takes place later in childhood and into maturity. ......"）を見てとることができる。Anthony Giddens, *Sociology*, 6th ed., Polity Press, 2009, p.288.

9）E・ゴフマンによれば、自己呈示には二つのタイプがある（＜GIVE＞と＜GIVE OFF＞）。意図的に（主として言語において）行われる前者の自己呈示がいかにうまく（少なくとも当人の意識においては、うまく）行われたとしても、そこには無自覚の振舞いや表情などの表出もあるのが通常である。そのため、注意深い観察者の前では、前者（G）の情報は後者（G.O）によってチェックされ、前者の振舞いに対して当人の考えているような評価が得られないという事態も少なからず生じてくるはずである。就活や婚活などにおいて、マニュアルどおりの「うまい」演技ができたとしても、それは必ずしも上手な演技ではなかったかもしれ

ない。また、同様なダイナミクスは、日常生活のミクロな世界の隅々まで浸透しているのであり、本文に述べたような試行錯誤の帰趨に大きな影響を及ぼすことになる。自己呈示については、Erving Goffman, *The Presentation of Self in Everyday Life*, Anchor Books, 1959.（GIVEとGIVE OFFへの言及はp.7）参照。なお、この著作は大変示唆に富む興味深い作品であるが、原著の英語は必ずしも平易なものとは言えず、今のところまだ、優れた邦訳にも恵まれていないように思われる。その難解さ（と同時に卓越さ）の一端を示す表現として、同上箇所（p.7）にある次のような言い回しに注目しておきたい。冷徹な観察者であれば、私が観察すること（：AがBに対してどのような感情をいだいているか）はAがBを観察していてBからは観察されていない状況下においてAがBに対してどのような無自覚の振舞い・表情などの表出をするかを観察する（すなわち "observe the unobserved observer"）ことによって達成されると述べられている。

10) この点を一言で言い表しているのがE・エールリッヒの次の名言である：「法の発展の重心は、いつの世にも……社会それ自体の中に存在する "der Schwerpunkt der Rechtsentwicklung liege auch in unserer Zeit, wie zu allen Zeiten, …… in der Gesellschaft selbst"」（Eugen Ehrlich, *Grundlegung der Soziologie des Rechts*, 1913（Duncker & Humblot, 1929）の「序言（Vorrede）」より）

第3講（社会的ルールについての考察）

　ここまで述べてきたように、諸個人は「社会化」と「社会統制」という、社会の巨大な渦の中で生きている。社会に秩序がある（カオスではない）ということは、つまり、我々がそこでゲームをしているということである。SMAPゲームをしているのである。そのゲームを、いわば裏から支えているのが、「社会規範（social norms）」と呼ばれる社会的ルールである。第3講に入るに当たり、まず、すでに述べた「社会（：社会を構成する諸個人間の相互行為を可能にする装置）」において行われる「意味のやりとり」のことを思い出していただきたい。「社会」を成り立たせているのは「意味」であり、その「意味」の蓄積と伝承を可能にするのが「社会化」（および「社会統制」）であった。そして、その「意味」を格納する容器（container）であり、かつその内容（contents）としても意識されることがらこそ、これから考察する「社会的ルール」なのである。
　ここでは、社会化によって我々が受け取るもの（すなわち「社会的ルール」）の特徴について詳しく考察してみよう。まず簡潔に要点を述べれば、その特徴は次の三点にまとめることができる[11]。
　その1：ルールの存在は社会の存続にとって本質的（essential）である。社会は意味的な存在であり、そこで行われているゲームには必然的に「秩序」が認められるのであるから、その秩序を支えるルールが社会にとって本質的なのは当然である。ルールのない社会というのは想定不可能なのである。
　その2：ルールの内容は（原理的には）選択可能（arbitrary）である。したがってルールは可変である。実際、同じ社会にあっても環境が異なればルールも変わりうるであろうし（例えば、平時と戦時では異なる

ルールが適用される可能性が高い)、あるいは、同様な事象に関してみても（時代的に、あるいは地理的・文化的に）異なる社会には異なるルールがありうる。

　その３：社会的に定着したルールは、あたかもそれ以外のルールはありえないかのように（選択不可能なように）「現実（リアリティ）」として我々の前に立ち現れる。これを現実転化（reification）と呼ぶことにしよう。

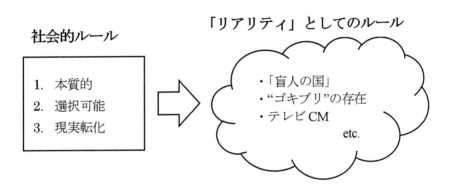

図３　社会的ルールのリアリティ

　その１については、これ以上の説明は不要であろう。少し極端な言い方をすれば、社会とはつまりルールそのものだということになるのである。第一次社会化を通じて人はルールというものの存在を実感するようになるが、そのことは、自分という存在（自我）を、「他者」つまり自分と同じような存在（他我）とともに、「一般化された他者」つまり社会の中に位置づけることができるようになるということなのである[12]。そのようにして人は社会の中に生きるための基盤を得て、続く第二次社会化の荒波の中を泳ぎきることができるようになるのであるが、その基盤が万全でなければ、途中で溺れてしまう（「社会的逸脱」）ことになる

かもしれない。

　その2については、さまざまな具体例を考えることができる。スポーツのルールに関しては、この点は露骨に顕れるので理解しやすいかもしれない。日本の誇る柔道はJUDOなるものに変質し、体操競技にしても水泳競技にしても、雪や氷のスポーツも、多くの種目においてそのルールがめまぐるしく変わっていることは周知のとおりである。それでも、スポーツ界が混乱することは滅多にない。もともとルールは変わりうるものなのである。

　もう少し深刻な例を挙げてみよう。社会のメンバーが全員盲目であったならば、その社会のルールはどのようなものになるであろうか。おそらく、殺すなかれ、盗むなかれといった社会の基本原則に変化はないであろう。しかし、盗みの前提となる所有に関するルールは大きく変更される可能性がある。共生という観念が普遍的に定着することになれば、個人の所有権の徹底を離れて、共有の感覚がより広く定着していくことも考えられる。配偶関係については、現に存在する諸社会にもかなりの多様性が見られるが、そこにおいて共通の関心事であることでさえ、おそらく盲目の世界では異なった捉え方がされることになるであろう。例えば、そこに美醜は関心事として残るのだろうか。残るとすれば、それはどのような感性に結び付けられることになるのであろうか（スベスベした肌が手触り感覚による判定において「美」となるとか）。このようなことを考える際に参考になるのが、豊かな想像力で構成されるフィクション作品である。一例として、H・G・ウェルズの短編小説「盲人の国」を挙げておきたい[13]。そこでは「ルールは可変」ということが、非常にリアルに、わかりやすく描かれている。

　その3については、まず、何故にこうした「現実転化」が生じるのかという点から考えてみたい。それは、社会というものの本質を考えることにもつながる。かつては知識社会学と呼ばれ、後には社会構築主義

（あるいは社会構成主義）というラベルにおいても捉えられるようになった[14]、P・L・バーガーとT・ルックマンの共著である『現実の社会的構成』において、彼らはこう語っている。社会というものの始原的イメージとして、AとBの二人の個人がいたとすれば、彼らの間で取り交わされる約束は当該の二人を拘束しはするが、彼らはいつでも二人の合意に基づいてその約束（ルール）を変更することができるし、変更しない場合でも、そのルールは二人の意思でどうとでもすることのできる存在であることを心得ているので、たまたまそのルールが生き残っているだけであるという（ルールに関しての）「軽さ」を認識しているはずである。しかし、ここに第三者Cが加わって、Cにも二人の決めたルールを遵守するように求めるのであれば、そのルールの性格はそれまでとはまったく違ったものになる。そこでは、当該のルールはAやBの手を離れて、外在的な客観的ルールとなってしまうからである。それについてはこうすることが「決まり」なのだというふうに言わない限り、Cは納得しないし、Cが納得することが反射的に、個々人の意思では動かしようのない「リアリティ」に転化したルールにAやBをも従わせることになるのである[15]。

　現実転化したルールの具体例をいくつか挙げておこう。まずは、いわゆる文明社会においてはそのほとんどのところで成立していると思われるルール：ゴキブリはいやらしい生き物であり、ましてや食用には適さない（そんなものをもし誤って口にしたことがわかれば嘔吐してしまうだろう）。ゴキブリを食さないことについては、いくらかの衛生学的な正当化もできなくはないであろうが、条件を整えれば昆虫は食用になりうる存在であり、ゴキブリが無条件で忌み嫌われるのには正当な（あるいは科学的な）根拠がない。しかし、大多数の人にとって、ゴキブリは目にしたくない存在なのではなかろうか。ちなみに私自身はゴキブリさえも愛する平和主義者である（あろうとしている）が、やはりゴキブリ

は苦手である。

　21世紀に入って日本では政権交代があり、一部の識者によってかなり以前から主張されていた「選択的夫婦別姓制」が法的に実現するかに見えたが、結局、その制度化は見送られた。それには、少なからぬ人々の間に、夫婦は同姓（同じ氏）でないと家庭の維持に重大な支障をきたすという思い込みがあったことが影響しているように思われる。それが思い込みであることを示す諸外国の例や国内の識者の主張があったとしても、やはり夫婦は同じ姓（氏）を名乗るべきであると考える人が相当数いるようである。ここにもまた、制度として定着したルールの「現実転化」の力が作用していることは否定できないように思われる。

　さらに卑近な例としては、いつまでも「若さ」や「美しさ」を維持することが「よいこと」「望ましいこと」であるとの強迫観念を植え付けるテレビCMなどが、美顔術や痩身術、さらには（不毛な）禿隠しなどにせっせと励む人々を生み出しているようである。しかし、そもそもそんなルールは誰が決めたのか。歳をとって外見が「老ける」のは自然の摂理であり、世の中が「美しい」人ばかりでないのもごく自然である（身体的特徴というのは大きなデータにおいてはほぼ正規分布するのがノーマルであろう）。しかし、おそらくは多くの人がそのような強迫観念に取りつかれてしまう。恐るべき「現実転化」の威力である。

　しかしリアリティの力を侮ることはできない[16]。それが「現実（リアリティ）」である以上は、その発生源が物理的自然であろうと人間の間の合意であろうと、その効果は絶大である。モノに激しくぶつかれば身体は負傷するであろう。これは「物理的リアリティ」であるが、ゴキブリは食べられないという合意があるときにそれを誤飲してしまって嘔吐するのであれば、「合意によるリアリティ」にも同様な力が備わっていることになる。だから、リアリティなのである。ルールは「合意」により生成されるが、それが定着することで「リアリティ」に転化するので

ある。

　最後に、「現実(リアリティ)」と「事実(ファクト)」の違いについて確認しておきたい。第3講冒頭において、「「社会」を成り立たせているのは「意味」であり、その「意味」の蓄積と伝承を可能にするのが「社会化」(および「社会統制」)であった」と述べた。「意味の生成」については第1講でも簡単に触れたが、意味をもたらす契機は何らかの「事実」的事象にあるとしても、すべての世界のあり様は、人の認識を通して初めて「意味ある存在」になるのであり、それはそのときすでに「事実」ではなく「現実」なのである。したがって、極端な言い方をすれば、人の数だけ現実がある、ということになるが、人々の「事実」認識自体が社会的ルールに大きく影響されるために、さまざまにありうる「現実」も一定の社会的秩序の範囲に収まるのが通常である。このように、人々は「現実」において、他者と(そして社会と)向き合っている。ルールが現実に転化することによって、むしろ日常的な暮らしやすさがもたらされている、ということにもなるのである。

【注】

11) これについては、かつて「SOCIOLO爺」による解説という形で平易にまとめたことがある。前掲拙著『法と紛争の社会学』p.33以下参照。

12) 「一般化された他者」と自我についてミードは次のように述べている。「組織された共同体や集団が個人に自我の統一性をもたらすとき、その共同体は「一般化された他者」と呼ばれてよいであろう "The organized community or social group which gives to the individual his unity of self may be called *the generalized other*."」(p.154 ※イタリックは原文では引用符で括られている。) また、こうも述べている。「全員の態度を統制する態度共同体のようなものが我々の中に存在することで、はじめて我々は我々自身の自我を手にすることができるようになる……他我

との明確な関係の中でのみ自我は存在しうるのである"We cannot be ourselves unless we also members in whom there is a community of attitudes which control the attitudes of all. ...... Selves can only exist in definite relationships to other selves."」(pp.163f) 引用は、前掲Mead, *Mind, Self, and Society*より。

13) Herbert G. Wells, The Country of the Blind, in *The Collector's Book of Science Fiction by H. G. Wells*, Castle Books, 1978（originally published in 1904）. 邦訳の表題は「盲人国」(H・G・ウェルズ『タイム・マシン他九篇』岩波文庫、1991年、所収）である。

14) 構築主義というラベルについては、上野千鶴子編『構築主義とは何か』（勁草書房、2001年）所収の諸論稿においてさまざまな視角から議論されており、その理論的検討および研究例については、平英美・中河伸俊編『新版・構築主義の社会学』（世界思想社、2006年）所収の諸論稿などが参考になる。

15) 後掲 *The Social Construction of Reality*, pp.76ff参照。なお、彼らの立論の基礎は三つの弁証法的契機（外化、対象化、内在化）にあり、その関係を次のように見ている。「社会は人間が生みだすものであり、それは客観的現実となり、人間はその社会によって生みだされる"Society is a human product. Society is an objective reality. Man is a social product."」(p.61) これは、要するに、人間の活動（その主観的意味）が積み重なって主体の外側に制度化され、出来上がった制度は外在的な実在として（「現実」として）我々に迫ってくるが、人間はその「現実」を「内在化」して生きていくことで社会（すなわち、社会的ルール）を構成し、その構成された社会の中で活動していくということを簡潔に述べた、この著書の基本命題のようなものである。Peter L. Berger & Thomas Luckmann, *The Social Construction of Reality*, Doubleday, 1966. なお、我が国において公刊されている邦訳書の表題は『日常世界の構成』（新曜社、1977年）である。

16) 「現実（リアリティ）」に関しては、これまでにも紛争処理論の観点から

詳細に検討したことがある。特に、A・シュッツの「多元的現実」論については、その原論文（「多元的現実について（On Multiple Realities）」）Alfred Schutz, *Collected Paper 1*, Part 3 所収、およびそれをめぐる邦文の諸論稿（江原由美子他編『現象学的社会学』（三和書房、1985年）所収の諸論稿、江原由美子『生活世界の社会学』（勁草書房、1985年）、池田謙一『社会のイメージの心理学』（サイエンス社、1993年）など）とともに、シュッツ自身による他の論稿も視野に入れながらその意義を厳密に考察している。本文において後述する「現実」と「事実」の違いについての解説とともに、前掲拙著『紛争と共感のリアリティ』第1章参照。

第4講（社会規範の諸類型）

　社会的ルールにはさまざまなものがある。法がそこに含まれることはもちろんであるが、法の位置づけはそれだけに止まらず、法は諸々のルールの核心に位置するルールだと言える。何故そのように言えるのか。社会規範の類型論に基づいて、諸規範相互の位置関係を整理してみよう。

　考察の出発点として、M・ヴェーバーの議論に注目したい[17]。ヴェーバーの挙げた次の四つの社会学概念は、社会規範の4類型（タイプ）として読むこともできる。Brauch（慣習）・Sitte（習俗）・Konvention（習律）・Recht（法）である。ここでの訳語は、本稿筆者にとっての慣用であり、これとは異なる訳語を当てる文献もある。誤解のないように、以下の叙述においては原語（その頭文字）で四つの概念を表記することとしたい[18]。また、言うまでもなく、これらの概念は、抽象的に観念される理念型であり、経験的現象を具象レベルで捉えようとしている概念ではない。これらの概念を、経験的現象を認識するための理解枠組み（あるいは理念的モデル）として用いて、社会規範についての考察を深めることがここでの意図である。

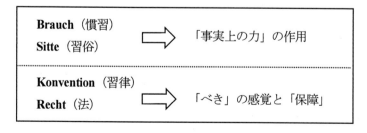

図4　社会規範の4類型

BとSには共通点がある。というより、BとSの間に根本的な性質の違いはないと言ったほうがよいかもしれない。その共通点とは、これらの規範が社会の中で規範として「意味」をもつのは「事実上の力」が作用することによってである、という特徴に求められる。つまり、BもSも、それに違反する行為が見られるときには、社会秩序の乱れとして社会の成員に意識されることになる。その結果、違反をする当人に対して、周りの人々は不快そうな目を向けたり、無視したり、あるいは罵声を浴びせたりするかもしれない。しかし、ほとんどの社会成員は、そうしたマイナスの反応を受けることを半ば予期して、そのような違反行為をしないし、また、すること自体を思いつかないのが普通であろう。つまり、BとSは、社会化を通して成立する社会秩序の遂行的安定の中に組み込まれていて、通常は違反自体を考えにくいタイプの行為を念頭においた規範であるとも言える。そして、違反が生じたときには、社会は（社会の代理人である個々人は）、それに対して（事実上の不快感を示すことはあっても）公式的なサンクションを付与することはない。「事実上の力」により社会が維持される側面は、第2講において述べたミクロの社会化過程でも明らかなように、社会秩序の本質的態様である。

　具体的には、実にさまざまな例がありうるし、社会生活はBとSに満ちあふれていると言ってもよい。いくつか例を挙げてみよう。社会で暮らす人の多くは、日常的に他者との相互行為を行っている。つまり、常に、社会の中に身をさらすことになるので、社会規範の効力が直接に及ぶ世界で生きることになる。そのため（というほどに自覚すらされないことのほうが多いであろうが）、人は外出するときには服を着る。家の中でも着ていますけれど、と思われる方には、服を（「よそゆき」に）着替えることが多いと言ったほうがわかりやすいかもしれない。このときの服の選択にBとSが大きな威力を発揮する。

　会社に出勤するのに、大学の授業を受けに行くのに、高級レストラン

に食事に行くのに「相応しい」格好というものが、社会の中では指定されている。いわゆる社会常識というものであり、みな、なんとなくそれを知っていて、常識知らずという否定的なラベルを貼られることはほとんどない。土俵上の相撲取りのように褌一つで営業回りをしたり、授業を受けたり、レストランで食事したりすることはまずない。突き詰めて言うならば、我々は、他者の目を気にかけて、いわば打算からBやSの指示するところに従っているのである。これらの「決まり」が、比較的に長期にわたって安定している場合には、Bだけでなく、特にSとしても認識されるようになる。例えば、男子学生はミニスカートでキャンパスを歩くことは、普通はない。これは、社会一般にも広く認められる現象であり、現代日本社会では成人男子はスカートをはかないのが普通である。つまり、Sとして定着している。その一方で、女性のパンツ姿はごく普通に見かけられ、スカート姿とともに何の違和感も懐かれないのが一般的である（女性に「フェミニンな格好」を強いる文化に反対する人たちにとっては、両姿には別の意味づけがなされているかもしれないが）。

　服装だけではない。我々の外観一般が、普通は、BやSによって秩序化されている。髪型や髪の色、化粧法やそのためのさまざまな小道具、履物の形状・材質・踵の高さに至るまで、これらのことに関しては、個々人の好みや創意工夫が反映する一方で、基本的には、みな（文字通りに全員とは言えないけれども）、社会が「決めた」ルールに従っている。一見すると非常に個性的で社会のルールなど無視しているかに見えるような事例においても、程度の差こそあれ、社会のルールを完全に無視しているというケースはまずありえない（きわめてユニークな外見をしている人でも、「服」は着ているし「履物」も履いているのが普通である）。

　外観ばかりではない。食事の態様・作法および内容（ほとんどの人が

一日3回の食事を箸やスプーンなどを上手に使って礼儀正しくいただき、ゴキブリはメニューから除外する）、挨拶の範囲と仕方（道で出会う人全員に挨拶をしたりはしないし、挨拶をするときでもすべての人を抱擁したりはしない）、歩き方や話し方（現代人はいわゆる「ナンバ歩き」はしないし、誰彼構わずに「ため口」で話したりはしない）、トイレの形態と使用法（「催す」が「する」に直結しない人間の社会では「お粗相」は大失態となる）、等々、例を挙げていけばきりがない。つまり、生活の隅々にいたるまで、我々の生活はBとSで事細かに「決められて」いるのである。そして、我々は、通常、そうした「規制」について特に意識することもなく（ほとんど無自覚に受け入れて）生活している。

　しかし、社会秩序の骨格とも言える社会規範は、BとSだけで貫徹されてはいない。同じ内容の生活様式に関する規範であってもKやRとなることはありうるし、KやRでなければならない規範も存在する。例えば服装について、通常はBやSの問題であることは上述したとおりであるが、江戸時代の日本の武士が、登城する際に袴を着用しないで「上様」の面前に現れたとすれば、それは厳罰の対象であったと思われる。軍隊においても、所定の着衣や装備については公式の規則があり、裁判官ですら勝手気ままな服装で法廷に現れることは許されない[19]。要するに、同じく服装のことが問題にされても、それはBやSの問題であることもあり、KやRの問題となることもあるということである[20]。

　したがって、KやRの問題として扱われることがらは何かと考える場合に重要な指標は、生活様式の内容ではなく、それを当該の社会がKやRの問題として位置づけるか否かの判断基準だということになる。スカートを身に着けて授業を受ける男子学生がいても、そのことのために大学から公式的な処分を受けることはありえないが（それは日本国憲法が保障する「表現の自由」の範囲内であろう）、軍隊の活動中に勝手な服装をしていれば公式的サンクションが課される可能性が高いと思われ

る。祭りの神輿の担ぎ手がみな異なる格好をしていれば、規範拘束という点ではこれらの中間くらいに位置づけられ、公式的な処罰はなくても「すべきではないこと」をしたとして、組織や集団から、単なる事実上の力を超えて、なかば公的で実質的な不利益となるサンクションが課されることになるかもしれない。

つまり、KやRとして社会が位置づける規範は、社会の成員にとって「すべき」こと、あるいは「すべきでない」こと、という「べき」（ドイツ語のSollen）の感覚で支えられている「決まり」である。Kはそれが小社会（会社、学校などの組織や未開部族のコミュニティなど[21]）において半公式的に定まっている場合の規範であり、Rはより大きな一般社会においてその「決まり」を強行する装置（ヴェーバーのいう「強制装置（Zwangsapparat）」[22]）を備え公式的な対応を整えている場合であるということになる。

このようにKとRはともに「「べき」の力」に基礎をおく社会規範である。また、この力は、「事実上の力」よりも明確に認識されうるものではあるが、いわば自動的に効果が見込まれる「事実上の力」に比べたときには、そのような効果はBやSの場合のようには期待できない、ある意味では頼りない感覚である。それ故に、この感覚が社会の中で効力を発揮し続けるためには、違反に対しては社会の側から敢然とした対処（つまり、正当性の感覚を維持するための保障）がなされることが必要になる。このことから、正当性の感覚とその保障の存在が、「KとR」を「BとS」から分ける決定的な指標だということが理解されるであろう。

上述したように、ヴェーバーは、Rの場合にはその保障が「強制装置」によってなされ、Kは特段の「装置」なしに正当性が保障される、つまり日常性の中に紛れる形で保障されると捉えたが、この考え方にそって法を定義するならば、それは以下のようなものになるであろう。法とは、

妥当している秩序（すなわち正当性があると信じられている秩序）への侵害があるときには社会内の強制装置による物理的ないし心理的な強制が（実行される可能性が）社会的に保持された状態にある当該秩序の意味内容のことである。そこには、秩序の妥当（正当性の感覚）を護ることは強制装置をもってしても貫くという「社会の決意」が存在する。こうした秩序の意味内容が法であるとする基本的認識は、秩序（それを支える社会規範）の「遵守」ではなく、秩序の「妥当」およびその保障（すなわち正当性のある秩序の実効性の保障）こそが法現象にとっての本質的側面であるという理解を導く。

　しかしながら、「べき」の感覚として位置づけられる規範はKやRだけではない。究極の打算を振り払って残るものとして、KやRのほかには、まず道徳という観念が思い浮かぶ。これは、KやRのときのように正当性の感覚とそのまま重なる「べき」ではない、ということである。「べき」の感覚には、「善い」と「正しい」の二つの原理があり、個々人の「生」をまっとうするには、「善い」行いをすることが大切になると考えてみよう。「善い」行いとは、自分で満足が得られる「（して）よかったなぁ」と思えるような行為、悔いのない行為のことである。幸福感情を導く行為であると言ってもよいであろう。しかし、各自のそうした行為の総和がそのまま安定した社会秩序を導くとは限らない。「善い」の原理は他者の評価を超えるものであり、ある人の「善い」行いがそのまま社会性を備えているとは限らないからである。

　そこで、人は、個人の次元を超えた社会の次元で捉えられた行為、すなわち「正しい」行いをするようにも社会的に要請されることになる[23]。それが法であり、社会は、「強制装置」を背景にその実現（厳密には、その実現を通じての「妥当」の保障ないし実現）を迫ってくるのである。これに対して道徳の実現が「強制」されることはない。道徳は「善い」に関与し、法は「正しい」に関与する原理だからである。「善い」

が勧奨されることはあってもそれを強制する社会的装置はない。

しかしながら、これと関連して、やや微妙な位置にあるのが、倫理という観念である。つまり、倫理には本来、道徳と同じように「善い」に志向しながら、同時に「正しい」にも関与しうる二重性が期待されているのである。したがって、法化社会において、法的な処理とは異なる対応として、道徳の世界では認められない強制的側面が倫理の名の下に発動されることもありうる。例えば、特に専門職など自律的に存在することが期待される職業規範などにおいて、それが重要な意味をもつことになる。また、上述したような法（正）と道徳（善）の上位概念としてより抽象的な「べき」に近い意味で用いられることもあり、その用法には注意が必要である。

【注】

17) ここで依拠する文献（後掲）は、人文科学を学ぶ者であれば誰でもが知っている（はずの）ものであり、特に、その冒頭に配された第1部第1章の論考（後掲）は、我が国においても古くから訳出公刊されていて、多くの人々に親しまれてきたものである。その「小さな本」には盛り沢山の知的刺激が詰まっていて、本書もまた、その知に依拠している。Max Weber, Soziologische Grundbegriffe, in *Wirtschaft und Gesellschaft*, 1922. (5Auflage, 1972, J.C.B.Mohr)（阿閉吉男・内藤莞爾訳『社会学の基礎概念』角川文庫、1974年、初版1953年）※なお、『経済と社会』全体の邦訳は創文社より分冊で公刊されている。

18) 前出注11で言及した「SOCIOLO爺」はこれらの表記を連ねてBSKRと（ブスクルとルビをふって）書き表していた。ルビはなくてもよいが、BSKRという頭文字は、社会規範類型の表記として、本書においても用いることにしたい。前掲拙著『法と紛争の社会学』p.41参照。

19) 武士の裃については、映画などに描かれた世界からそのように私が理解

しているということであり、史実の詳細についてはここでは立ち入らないが、例えば、日本映画の名作「たそがれ清兵衛」（2002年）においては、そのような社会規範の存在についても実に細やかに描かれていた。いわゆる「軍服」については、自衛隊法施行規則（1954年）第3章「隊員」など参照。裁判官の制服である、いわゆる「法服」については、裁判官の制服に関する規則（最高裁判所規則、1949年）参照。

20) また、異なる時代や文化においても、同様なことがらに関する規範がBとして現象したりRとして成立していたりすることがある。例えば、飲酒や喫煙をめぐる社会の対応や、性をめぐる諸規範の変化や異同などを想起すれば、飲酒や喫煙に寛大である（規制があるにしてもBの社会的慣習に委ねられている）社会もあれば、当該の行為やそれに関連する不祥事に厳罰をもって臨む社会もあり、日本では「姦通」はもはやRとしては死語であるが、「セクハラ」に対する認識やそれへの対応はBにのみ委ねられるものではなくなっている、等々。

21) ここでは、いわゆる「未開社会の法（primitive law）」もK（習律）の概念で捉えている。ちなみに、それを未開「法」として（すなわちRechtとして）捉える場合には、「権利（要求権）」と「特権」の概念上の区別を徹底した「ホーフェルト図式」を適用して、「特権としての未開法」という位置づけを明確にすることが求められるであろう。「未開法」に関しての議論については、E・A・ホーベルの議論（E. Adamson Hoebel, *The Law of Primitive Man*、後出注67）参照。また、「ホーフェルト図式」に関しては、本書第10講参照。

22) 強制装置（Zwangsapparat）という言葉は、前出注17において述べた「小さな本」（Max Weber, Soziologische Grundbegriffe, in *Wirtschaft und Gesellschaft*, 1922. 第1部第1章、阿閉吉男・内藤莞爾訳『社会学の基礎概念』角川文庫（1974年、初版1953年）として訳出されている論考）には登場しない（『経済と社会 *Wirtschaft und Gesellschaft*』第2部第1章に登場する）が、秩序の妥当を外的に保障するために社会内に設けられた「人的な専門スタッフ"Stab von Menschen"」（第1部第1章第6節）とは、

つまり、この「強制装置」のことである。この点は、上記の第2部第1章の記述からも確認することができる（原文（5Auflage, 1972, J.C.B.Mohr）182頁および同頁の注2参照）。

23）「善い」と「正しい」の原理に関しては、池田清彦『正しく生きるとはどういうことか』（新潮社、1998年）において興味深く議論されており、幸福感情については、「平静と享受」に着目するA・スミスの議論（前掲拙著『紛争と共感のリアリティ』第4章参照）が示唆に富む。また、そのスミスを功利主義の系譜に位置づけるJ・ロールズの正義論においても、善（the good）と正（the right）の概念と位置関係が議論されている。John Rawls, *A Theory of Justice REVISED EDITION*, Harvard Univ. Press, 1999.（邦訳：ジョン・ロールズ（川本隆史他訳）『正義論（改訂版）』紀伊國屋書店、2010年）第1章の第5節、第6節など参照。さらには、そのロールズ（およびI・カント）とアリストテレスの正義論を対比させながら正義を美徳の観点から考察するM・サンデルの議論にも注目しておきたい。Michael J. Sandel, *Justice*, Penguin Books, 2010 (first published in 2009).（邦訳：マイケル・サンデル（鬼澤忍訳）『これからの「正義」の話をしよう：いまを生き延びるための哲学』早川書房、2010年）

第5講（法というものの全体像）

　第4講では法の概念についてもかなり詳しく述べたが、それは、社会規範全体の中で法（という社会規範）がどのように位置づけられるものであるかという観点からの考察であった。その論点はヴェーバーによる議論を下敷きにして構成されており、そこで示された「法の定義」も、規範の外形的特徴に着目して法の存在を判定するものであった。すなわち、「強制装置」の有無と「秩序の妥当（正統的秩序の維持）の外的保障」という、経験的探求に開かれた指標に着目することによって、法の存在を確認しようとするアプローチである。

　第5講では、こうした議論とは別の視角から「法というものの全体像」に接近してみたい。理論的支柱として、前出注2および注10において言及した法社会学者（E・エールリッヒ）による法の議論を参照することにより、法とは何なのかということについての理解を深めていきたい[24]。エールリッヒと日本の学界との交流など、エールリッヒ法社会学については前述した拙著（前出注1参照）の序章に述べたとおりでありここでは繰り返さないが、日本の学界へのその影響が今日に至るまで非常に大きなものであったことは疑いない。

　第2講の末尾に、「社会の中の法は、本来、主システムである社会そのもの（社会化が行われるシステム）の中に存在している……法の源泉およびその展開を可能にする力は、あくまで社会そのものの中にある」と述べたが、ここ（第5講）では、その意味するところを具体的に明らかにしてみたいと思う。

　まず、「主システムである社会そのもの（社会化が行われるシステム）の中に存在している」法とは、六法全書に掲載されるような法律ではない。そうした法律は、社会の中で（「法の源泉」から）「展開」し

た可視的な法であるが、そもそもの法はそのように書かれた法でもなければ、裁判官によって宣言される判決や決定のようなものでもない。エールリッヒによる魅力的なネーミングに従えば、それは「生ける法 (lebendes Recht)」とも呼ばれるものであるが、より一般的には、エールリッヒ自身も、この魅惑的ではあってもイメージ先行の曖昧さが伴う言葉に代えて、「法規範 (Rechtsnorm)」という概念を用いている。法規範とは、社会（大小さまざまな規模の社会を念頭において）の遂行的秩序の核心にあって、社会成員の社会化を通じて社会自体の「組織化 (Organisation)」を可能にするようなルールのことである。すなわち、法規範とは、社会の根幹にあって社会秩序の維持を可能にするものということになるが、概念的には不可視のルールである。上述したように、「当然の遂行の中に存在しているものはそれとして意識されることがない」からである。

　しかし、その当たり前がいつまでも「当然の遂行」の中に存在し続けるわけではない。物事には必ず終わりがある。人間による基本的欲求SMAPの実現を目指す諸行為の集積は社会のあり様を変えていく。必然的に経済活動は拡大し、人間関係は複雑化する。そこに、人の数だけリアリティがあるという潜在的真実が表面化してくることになる。法をめぐる理解・了解の多様化ないし分極化が生じ、その結果として紛争が生じてくる。紛争状態をそのまま放置していたのでは、社会秩序が揺らぎ、「秩序の妥当（正統的秩序の維持）」が保たれなくなる。それは、つまり社会の崩壊である。そうならないために、社会は、法に関しては「秩序の妥当の外的保障」を行うのであり、それはすでに第4講において述べたとおりである。犯罪に対しては、国家権力が直接に介入して、警察・検察・裁判・矯正など一連の機構の発動があり、民事紛争については、当事者主義の下での民事裁判制度がある。

　法はこの裁判を通じて可視化される。エールリッヒの言い方では、民刑

の紛争・事件処理を通じて裁判所は「裁判規範（Entscheidungsnorm）」という形で、法規範を可視化するのである。しかし、こうして可視化される法の出現は、もともと存在した法規範を（現況に合わせて成形するように）社会の中に取り出すことであり、基本的にそれは「発見」である。エールリッヒは、それを「法発見（Rechtsfindung）」と呼んでいる。しかし、もともと地中に埋まっていたものを発掘するような意味での発見ではない。遂行的な法規範を新たな社会条件に合わせて成形する、きわめて創造的な「発見」なのである。その重要な任務を担うのが、社会の中で法律家と呼ばれる一群の人々であり、本来、法曹とはそのような崇高な任務を社会から付託された人間集団なのである。したがって裁判官や弁護士や検察官は尊敬に値する真のエリートでなければならず、悪徳弁護士は無論のこと、権力者に諂い自身の保身を第一に考えるような判検事なども、法曹の名には値しない。

　裁判を通じてなされるこうした創造的な「発見」も、裁判である以上は、基本的には一回性の営みであり、打ち上げられては消えていく夜空の花火のようなものである。これでは、可視化された法規範もすぐにまた不可視の闇の中に消えていってしまうことになる。そこで社会は、重要な命題については、裁判規範を集積し、判例として定着させ、あるいは立法として明示的に可視化することを試みるようになる[25]。こうして生まれる法をエールリッヒは「法規（Rechtssatz）」と呼んだ。今日の法律学で言うところの「実定法」のような概念であるが、この動態的過程において判例や立法はそれらの解説とともに文書化（可視化）されるようになることが重要である。ただし、エールリッヒが、「法規」を「制定法Gesetz」や「法書Rechtsbuch」として一般的拘束力をもった法であるとする一方で、法的実効力を伴わない条項が「法規」となることもあると述べているように（前掲Ehrlich, *Grundlegung der Soziologie des Recht,* 第Ⅱ章、第Ⅷ章 参照）、「法規」は厳密には「実定法」とは異な

る概念である。そもそも、法規（Rechtssatz）の本質はSATZ（命題）にあって、法規範（Rechtsnorm）のようにNORM（規範）にあるのではない。

　さらに言えば、このようにして可視化される法のすべてが、社会の中の法規範として定着するわけではない。法規範とは、「社会成員の社会化を通じて社会自体の組織化を可能にするようなルール」であり、「社会の根幹にあって社会秩序の維持を可能にするもの」である。法規は、裁判官にとっては従わざるをえない「決まり」であるが、社会成員を直接に縛る効力をもつとは限らないのである。実際に社会成員の行為を導く効力を備えた法規範（妥当する秩序として存在するルール）となるのは、法規の一部分に過ぎない。そのような法規は法規範に還流していき、不可視の存在として社会の中に浸透していく。そして、いつか、社会の変化に伴い、それも新たな可視化のプロセスに組み込まれていく。法をこのようにいくつかの下位概念から構成される総体として理解するならば、それらが社会的諸力の作用を受けて無限に循環していく構図の中に法を捉えることが可能になるのである[26]。

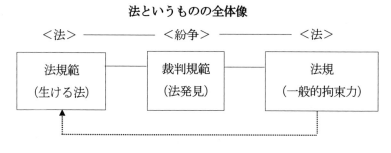

図5　法と紛争の循環

　そしてこの構図は、法と紛争の無限循環を表すものでもある。社会の根幹に法（法規範）があるからこそ、それが社会の変化により相対化さ

れることを通じて紛争が生じるのであって、そもそもの状態が無秩序（カオス）であれば、裸の対立はありえても紛争が生じる基盤自体がないことになる。その紛争を社会的に処理・解決するプロセスから新たな法が生まれてくる。そしてまたそれがさらなる紛争へとつながる、という無限循環である。私はかつて、このことを「再帰性」という概念（再帰性とは、「枠組み」（観念・イデア）と「行為」（具体的表出）の相互依存のことである）を用いて説明したことがある。つまり、枠組みがあるから行為は意味づけられるが、意味づけられた行為のあれこれがその枠組みを再構築し、その内容をより豊かなものにしていくのである[27]。

　こうした法と紛争の無限循環の中に法というものを捉える視角は、社会のルールを自覚的に変更していくための別次元のルールが社会の中に備わっているということに着目する視点にもつながる。上述したように（第3講参照）、社会規範は一般的に「現実転化」するのであるから、一度出来上がったルールは変化する余地がないかのようにも思われる。少なくとも、金属やプラスチック製品が長年の風雨に晒されて変質していくような形での変化ではない、もっと自覚的なコントロールをする余地は少ないように思われるのである。実際、それ故に、一度定着してしまった慣習や仕来りというのは（合理的に考えればすでにその効用が感じられなくなってしまったものでさえ）、長く人々の行為を縛りがちになる。しかし、法は社会変動に伴って、かなり柔軟にその姿を変えていく。それは、社会の中に、ルールを変えるためのルールが存在しているからである。もとのルールの横に新たなルールを追加するのではなく、もとのルールに関説する（言及する）ルールが存在しているということである。法哲学者のH・L・A・ハートは、こうしたルールのことを「二次ルール（secondary rules）」と呼んで、そうしたルールが備わっていることが法的ルールの特徴であると指摘した[28]。

　「二次ルール」には三種類のルール（「承認recognitionのルール」「変

更changeのルール」「裁定adjudicationのルール」）があるとされているが、その前提となる「一次ルール」は「責務の一次ルール（primary rules of obligation）」と呼ばれており、遂行的にそこに存在する「法」（第4講においては、「打算」とも「道徳」とも異なる力として説明した「べき」の感覚）のことを指していると考えてよい[29]。その「一次ルール」が不鮮明になったり社会的に不適応を起こしていると考えられたりする事態に対処する方法として「二次ルール」が存在するのであるから、「二次ルール」が適用されるのは、（本来のあるべき）「一次ルール」の内容が確認されたり具体化されたりする過程であると言える。例えば、Aが自分のものだと思っている土地にBが家を建てて住み始めたことにより、AB間にその土地の支配をめぐって争いが生じたとすれば、社会はこの問題の解決のために「二次ルール」を必要とすることになる。この場合には、「裁定の二次ルール」が適用され、例えば、「適式な占有は保護される」という法（「一次ルール」）が確認され、さらに、「適式な」占有とは何かが明示される（例えば、実際に農耕などに利用されていて土地の境界などが明示されているなどの条件を満たしている占有）ことによって、不可視であった「一次ルール」の内容が具体的に可視化されることになるであろう。

　このように、エールリッヒの議論とハートの議論には共通の視角を認めることができる。上述したように、《「生ける法」・「法規範」－「紛争」－「裁判規範」－「法規」－「法規範」)》の構図は、「法規範と法規の循環」であり、また「法と紛争の循環」でもある。「法規範」を一次ルールだと考えれば、「紛争」を契機とする社会過程には二次ルールが作用して（両ルールの結合として）「裁判規範」が顕れ、「法規」やそれに関説する学説・解釈論などは、その「裁判規範」を一次ルールとするところの二次ルールの作用による（結合的な）顕現だと言うこともできる。

少々ややこしくなってきたので、以下には、婚姻と相続をめぐる具体例（架空の想定も含めて）を挙げて、この構図の意味するところを整理しておきたいと思う。
　まず、「法規範」から「法規」へ展開する局面について。ある社会で、男女は結びつき、いわゆる家庭を営み、社会の構成単位となっていたとしよう。つまり事実上、いわゆる一夫一婦制であったが、誰もそれを自覚することなく、当たり前のように「結婚」し、子供を作り、家族に見守られて死んでいった。それが、社会のなかで生きる、ということだった。そういう生活を想定した場合、ここには自覚された規範は存在していない。みな、ただ当たり前に、そのルールに従って生活しているだけである。
　しかし、ここにも、我々を縛る「べき」ルールが息づいている。「結婚」しているカップルの前に第三者（男）が登場し、（カップルを構成している）女を勝手に連れ去ろうとしたとしてみよう。その男は「夫」からも社会一般からも反撃されて、その目的を達することは困難になるだろう。それは、社会のルールが、「夫」のほうに「妻」との排他的交渉権を認めて、「男」の言い分が通ることはない（そういう公的なサンクションがかかってくる）からである。何故そうなるのか。それは、当該カップルの二人が「結婚」していて、社会はその「結婚」に関するルールを、法規範として、責務の一次ルールとして持っているからである。
　ところが、時が過ぎ、ある時代になると、戦争の影響で男の数が少なくなり、一夫多妻のような慣行が（遂行的に）広まっていったとしよう。そしてある「夫」が死んで「妻」に財産を遺したが、かつては一人だった「妻」が今は二人いて、それぞれがその相続権を主張した。一人は、先に「妻」となったことをもって、もう一人は、最後に男を看取った「妻」として。以前から「妻」は当然のように「夫」の遺産を相続していたが、その「法規範」の内容が自覚されることはなかった。自覚的ルールとし

なくても、問題は生じなかったからである。しかし、今は「妻」が二人いる。いったい、どちらの「妻」に相続の権利があるのだろうか。あるいは、折半すべきなのか。

　裁判が行われ、裁判官は、かつて遂行的に行われていた「法規範」の意味内容を判決という形で明らかにした。これが＜法発見＞といわれるものである。その結論には、さまざまなものがありうる。「妻」となった順序を重くみる、期間の長さを重視する、あるいは、最後に看取った者を優先する、さらには公示制度に依拠する考え方、等々。いずれにせよ、ここで出された結論が「裁判規範」である。新たな状況に応じた"本来の法"の今の姿がここに示されたのである。そのような法の顕現に関与する者が社会の中で特別に重要な使命を帯びていることについては上述したとおりである。法はそこに顕れ、社会成員に対して可視的な強制力を振るうのである。ただし、これは、あくまで、ケースバイケースの法であり、そうした強制力が社会内で一般的通用力をもつのは、法が（「裁判規範」を経由して、あるいは「二次ルール」の作用によって）「法規」という形で社会的に定着してからである。

　そして、すべての「法規」が社会成員を直接に縛る（強制力のある）行為規範となるわけではないことも上述したとおりである。以下に、「法規」の一部が「法規範」へと還流していく局面について見てみよう。ここでは公示制度（届出制）が「法規」となったと仮定して話を進める。つまり、公の台帳への届出をもって正式な婚姻とみなす（そこに相続権が発生する）ということになったのである。しかし、社会の実態を見るならば、人々の生活は、依然として「事実としての結婚」を見ているだけで、結婚後も届出をしない例はむしろ一般的であり続けるかもしれない。この場合、届出制は、未だ「法規」にとどまり、「法規範」として人々の生活を実際に縛るルールにはなっていないということを示している。

このとき、例えば、事実上の結婚とすでに破綻してしまった書類上の結婚とが同時に存在して、そのどちらに法的な利益（相続利益など）を発生させるべきなのかといった問題が生じることがありうる。法的に重視すべきは事実（実態・実質）なのか、届出（観念・形式）なのか、という問題である。人々の感覚が、つまり「法規範」が前者を支持し続けるならば、裁判所もいつかは法律自体を見直すようになるかもしれないし、立法的に変更がなされるかもしれない。逆に、最初はなじみの薄かった「届出」制度が、社会の中で定着していくかもしれない。

いわゆる事実婚などの（「法規」の視点からすれば）「変則的」な生活形式が「普遍的」になって婚姻制度の相対化・多様化が生じることもありうるし、逆に、可視化された法の威力によって、結婚の意思をもった共同生活は当然に「届出」を伴うという考え方が一般的で当たり前の「べき」ルールになるかもしれないということである。このように共同体や家をめぐる意識の変化や人々の生活形態一般（労働や余暇などの生き方をめぐる社会的価値観の表出）の変動などに伴い、社会のあり様が変わっていき、婚姻の観念やそれをめぐる法もまた変化しうるのである[30]。

以上に述べたことは、「法というものの全体像」のイメージを、エールリッヒの理論を核として（ヴェーバー流の法の定義を念頭におきながら、ハートの議論も視野に入れて）説明する試みであった。残された課題は、その「全体像」に登場する、「法」の持ついくつかの側面に考察を広げていくことである。まずは、紛争および紛争解決の話へと展開していくことにしよう。

【注】

24) Eugen Ehrlich, *Grundlegung der Soziologie des Rechts*, 1913.（前出注10参照）
 邦訳は、E・エールリッヒ（河上倫逸他訳）『法社会学の基礎理論』みす

ず書房、1984年。

25) もちろん実際には、判決や判例から必ず立法が導かれるわけでもなく、判決や判例を介さずに立法がなされることもある。立法には、法曹や法律家が主導する法律学的側面の他に、立法過程の独自のダイナミクスが関与するからである。特に、複雑化する現代社会においては、実定法上の法益の確定をめぐる政治過程が独自の研究課題として重要な意味を持つようになっており、そのような研究と法社会学的視点の交わるところにも新たな研究領域が広がっていく。その展望を示す論点が簡潔に示されているものとして、岩井奉信「立法過程の政治学」（法社会学44号、1992年）参照。

26) 合法性（実定的制定律Satzung）からも正当性が導かれるようになる現代社会にあっては（前掲Weber, Soziologische Grundbegriffe『社会学の基礎概念』第7節参照）、合法的に創出される「法規」のすべてが必ずしも「法規範」に根拠をもつわけではないという事態が生じてくるが、そのような「法規」が「法規範」からの支持を得ない状態が続くならば、それらの大半はいずれ社会秩序から切り離されて「単なる法規」として形骸化していくことになるであろう。この問題の具体例として、NHK受信料（放送法64条）をめぐるトラブルを挙げることができる。視聴者側の支払い義務をめぐる見解の相違が社会内に存在する事実を受けて複数の訴訟提起があり、その義務を法的に認めた高裁レベルでの判断も出されているが（2013.10.30 東京高裁判決）、継続中のケースは他にも存在する。そうした司法判断に基づく「法規」の実効性とそれの「法規範」への浸透という問題がどのような展開をみせるか、今後の成り行きが注目される。

27) 前出「SOCIOLO爺」いわく「「そ」をそと読むことによって、その枠組みがその「そ」も取り込んだ新しいその枠組みに生まれ変わるように。」（前掲拙著『法と紛争の社会学』p.58）

28) H. L. A. Hart, *The Concept of Law*, Oxford Univ. Press, 1961（2nd ed., 1994）参照。「二次ルール」については、pp.94ff（2nd ed.）参照。

29) ハートがどのように「責務のルール」というものを捉えていたかを理解するには、「内的視点」と「外的視点」という発想にも言及しなければならない。ルールが社会成員に責務（obligation）の感覚をもたらしているかどうかは、当該メンバーの外形的な行動を観察する（「外的視点」）だけでは不十分であり、そのルールがどのようなものとしてメンバーに受けとめられているのかに着目する「内的視点」が不可欠になるということである。ハートが例として挙げている交通信号の話では、赤信号でたいがいの車は止まり、青になると走り出す。その事実を注意深く観察してみても（「外的視点」）、空に黒い雲が広がれば雨になることが多いという法則性と同じで、行動の予測は成立するが、赤信号で何故ドライバーが車を止めるのかは不明のままである。極端なことを言えば、これは私がかつて見たテレビ・アニメ「おさるのジョージ」に教えられたことであるが、もしかすると、車のドライバーのほとんどは、赤信号が好きで青信号は嫌いだからそのような振舞いをしているのかもしれないのである。このような好き嫌いの感覚の他にも、銃で脅かされてする行為など、責務のルールに従う行為とは言えない行為にも法則性はありうる。したがって、ルールに関して議論する場合には、「内的視点」に立つ理解が必要とされるのである。前掲 Hart, *The Concept of Law*, pp.89f(2nd ed.)参照。

30) 社会変動が「法規」の相対化・流動化を招いた最近の例として、非嫡出子の法定相続分（民法900条）をめぐる裁判所の判断（2013.9.4最高裁大法廷決定）と国会における法改正の進展を挙げることができる。長らく実定法（「法規」）として効力をもった民法の条文であっても、「法規範」への還流が滞るならば「法規」としての実効性を失うことになる。（なお、この事例は、新たな「法規」を生みだす過程で、社会の中から「法規範」を吸い上げる形で「裁判規範」が示され、既存の「法規」の流動化が促進されたものであると解することもできる。）前注26参照。

第6講（紛争概念と紛争解決）

　紛争という言葉は、「地域紛争」「民族紛争」「宗教紛争」（あるいは端的に「戦争」）などの地域的・価値的広がりをもった人間的混乱として（したがって、その負の側面が強調されて）捉えられるのが、一般社会的には普通なのかもしれない。しかし、ここでは、そもそも「紛争」とは何なのか、その概念を正確に認識することから始めて、紛争と紛争解決についての全体像を素描してみたいと思う。すでに第5講において述べたように、「紛争」と「法」はともに社会秩序の維持に寄与する。紛争とはすなわち法の流動化であり、それによる秩序の相対化こそが法を再生させる原動力となるのである。このことを踏まえて、以下に、基本となる紛争概念および紛争処理・紛争解決の社会的指針について考察してみたい。

　まず、紛争とは何かについて、すなわち紛争の概念を導く理解枠組み（モデル・図式）について考えてみよう。紛争は「法＝権利」（ドイツ語のRecht）の存在を前提として、自らの権利を侵害されたと認識する側（「被害者」）が、権利を侵害していると想定される側（「加害者」）を特定し、被害者が加害者に救済を求めて、その申し立てに対して後者が拒絶（ないし無視）の態度をとる場合、それが「紛争」である。個人間紛争を想定するのがもっともわかりやすいであろうが、当事者が集団や組織であっても、被害者と加害者を想定して被害者側の権利追求という図式に当てはめることで「紛争」を経験的探求の対象とすることは可能である。

　紛争をこのように理解する枠組みのことを、私は「紛争の展開モデル」と呼んでいる。以下に、その要点を、簡略化した図解とともに示してみよう。

図6　紛争の展開モデル

　紛争は以下のように「展開」する[31]。理論的には、実際上の侵害が生じていてもそれに被害者が気づかないという事態もありうる。これを「未認知侵害（unperceived injurious experience）」と呼ぶ（石綿被害、放射線被害、セクハラ被害などがすぐに想起される）。この状態を"問題だ！"と認識する変容（展開）が「問題化（ネーミングnaming）」であり、その変容が起きるかどうかには、何を当たり前として受け入れるかということ（ものごとの「前提」となる認識のありよう）が大きく作用する。「前提」は語られないことが多いので、それまで当たり前とされていたことを問題視するようになるためには、一般的には、何らかの状況変化が必要になる（例えば、教育や自然災害などを通じた文化変容など）。

　事態を問題視するようになっても、その問題の原因が明確なケースばかりではない。誰が加害の責任を負うべきなのかが特定されなければ、その先の「紛争の展開」は望めないのである。すなわち、「問題化」を通じて「既認知侵害（perceived injurious experience）」となった事態について、「帰責化（ブレーミングblaming）」という責任帰属の認識が次に求められる。何か不都合なことが生じたときに、人がどこにその原因（責任）を求めようとするか（これを帰責行動と呼ぶ）については、社会学・社会心理学の領域で「帰属理論」という学問的蓄積がある。我々は、その知見に基づいて、「帰責化」についての考察を進めることができる。

責任帰属まで明確になった問題は「困りごと（グリーヴァンスgrievance）」と呼ばれ、その困った事態に対して、責任があるとされた相手方に対して救済を求めることが「要求化（クレーミングclaiming）」である。ただし、すべての「困りごと」について「要求化」が生じるわけではない。それが表面化しないケースも多いことは経験的データの示すところである[32]。また、「問題化」に関しては「前提」に関する議論が、「帰責化」に関しては「帰属理論」の応用に関する議論が、「要求化」に関しては「権利」および「権利意識」についての議論が、それぞれ紛争処理論に隣接する関心事として注目されることになる[33]。

　では、このような紛争を社会的に処理し解決するためには、どのような対応が求められるのであろうか。この問題についての考察を確実に進めるために、リアリティという言葉に今一度ここで着目しておきたいと思う。「現実（リアリティ）」と「事実（ファクト）」の違い、および社会規範が「現実」に転化することについては、すでに第3講において述べたとおりであるが、紛争解決の視点から、繰り返しも厭わずに、「現実」と「事実」の区別を以下のように確認しておきたい[34]。

　我々は、対象を認識する際に、決して、その対象を対象そのままに認識することはありえない。認識という作用自体が、本質的にそういうことなのである。刺激を受け取る側にすでに備わった装置（身体的能力から、身についた知識や価値観・規範意識までのすべてを含めて）を通して認識が成立するのであって、対象そのものにはじめから自足的に「意味」が備わっていて、我々が反射的にそれを受け取っている、というのではない。つまり、我々の認識はすべて、いわば加工された「現実」なのであり、それをそれ以前にある（と措定される）「事実」そのものと誤解してはいけない。「事実」は一つでも「現実」は人の数だけ存在する。だから、「同じもの」を見ても、実は同じものは見ていない。見ていないにもかかわらず、同じものを見ていると信じ込んで疑わない人は少な

くないであろうが。

　その基本認識の上に、「合理的な紛争解決」という考え方が出来上がる。これは、広く「交渉学」として知られた、ハーバード大学交渉研究プロジェクトの研究成果を中心とするものであるが、1981年にアメリカで *Getting to YES*（邦訳：『ハーバード流交渉術』）という著書が公刊されたことに始まると考えてよい[35]。関連する文献はたくさん存在するが、GTYの続編という位置づけにあるのは、GTYの共著者の一人（William Ury）が単著として1991年に公刊した *Getting past NO*、および、GTYの共著者のもう片方（Roger Fisher）が心理学者との共著として2005年に公刊した *Beyond Reason*（邦訳：『新ハーバード流交渉術』）である[36]。

　合理的な紛争解決の指針は、GPNの中で以下のように五つに標題化されている。

　《1》やり返すな・一息入れろ（Don't React : Go to the balcony）
　《2》言い返すな・歩み寄れ（Don't Argue : Step to their side）
　《3》拒むな・再構成せよ（Don't Reject : Reframe）
　《4》急かすな・道を作れ（Don't Push : Build them a golden bridge）
　《5》切れるな・道を示せ（Don't Escalate : Use power to educate）

　言い返したりやり返したりしてしまえば反撃は反撃を生むばかりであるから、その反応の連鎖を断ち切らなければならない。そのためにまず、自らの感情をコントロールすることを心がけるべきである。次は相手の感情問題に対処することを考える。感情のバリアを張られていては理を説いても通じない。よく聴き、しっかり受けとめ、同意できる点では同意することで友好的な歩み寄りが可能になる。自他の感情問題が一段落したら、本来のインタレスト指向の問題解決に向けて、「枠組み転換（reframing）」を試みる。発想の転換による合意の形成に向けて、新たな選択肢の創出である。ただし結論を急いではならず、最終的な合意への障害となるものを除いていき、強引な力の誇示にならないように周

到に配慮することが求められる。

　合理的な紛争解決においては、上記のように、感情問題の処理が非常に重要な課題として取り上げられている。2005年のBRでは、臨床心理学（認知療法）のアイデアに基づき、感情に影響する五つの「核心的関心事（core concerns）」に注目し、それらに留意することで感情問題に対処しようとする。その五つとは、①「感謝の気持ちを示されること、大切に思われ相応に扱われること"appreciation"」、②「仲間として受け入れられること、敵対的に扱われないこと"affiliation"」、③「自律を認められ自分の判断が尊重されること、つまり理由なく一方的に指図されることがないこと"autonomy"」、④「意義を否定されるような地位に貶められないこと、つまり誇りを奪われないこと"status"」、⑤「自分でやりがいがあると感じられる役割を担えること"role"」である。これらの「関心事」は良好な人間関係を維持していくために我々が常に配慮すべき点であり、そこに十分な配慮がなされていれば、肯定的な感情が生じると想定されるわけである。

　そのようにして「合理的な紛争解決」の実現が構想されるわけであるが、こうした「合意」に基づく紛争解決によって、すべての社会秩序が維持されたり更新されたりするわけではない。権力（現代社会では、究極的には「国家権力」）に基づく、強権的な「紛争処理」の過程もまた社会の中に用意されていなければならない。第4講において述べたように、K（習律）やR（法）に対する違背に対しては、社会は公式的なサンクションを用意している。典型的には「裁判」（狭義には「訴訟」）がその仕組みである。そしてこれには、長い歴史がある[37]。それが、資本主義的原理の浸透した、我々のよく知る現代社会になると、あらゆる紛争が個人を基本とする法的主体間の権利をめぐる争いとして構成され、その処理は国家的管理の下に置かれるようになるのである。この変化を「法化（legalization）」と呼んでいる[38]。

いわゆる近代化に伴い、社会秩序が「法化」されるのは必然であり、その背後には「近代的権利」の確立という大きな変化がある（これについては、第7講以下で詳述する）。しかし、紛争処理は、本来、法的に加工された問題処理に限定されるべきものではないこともまた確かである。対立する者が、異なるリアリティに基づき、感情と実体の二つの次元ですれ違う。ここに紛争というものの原風景があるが、真に秩序を回復しようとすれば、法的処理に収斂する「紛争処理」だけでは不十分であり、リアリティの相違を相互に認識することを通じて、法的処理のみに限定されない、納得し理解しあう問題解決もまた模索されるべきであろう。上述した「合理的な紛争解決」と適切な「感情制御」はそのための指針であり、単なる「処理」ではない「解決」がそこに展望されることによって、「裁判」の望ましい将来像が描きだされるはずである[39]。

【注】

31) 紛争の展開モデルの詳細については、和田安弘「トラブルの展開」（和田仁孝他編『交渉と紛争処理』日本評論社、2002年）を、紛争展開の実証研究例としては、前掲拙著『法と紛争の社会学』第4章などを参照。

32) 前掲拙著『法と紛争の社会学』第4章、同『紛争と共感のリアリティ』第2章など参照。

33) 帰責の仕組みについては、前掲拙著『紛争と共感のリアリティ』第1章にその要点がまとめられている。日本人の権利意識（特に、近代的権利義務規範と伝統的な義理規範の二重構造）については、前掲拙著『法と紛争の社会学』第5章などに論点が整理されている。

34) 似たような言葉ではあるが、世の中の「T：真実（truth）」と「R：現実（reality）」と「F：事実（fact）」は明確に区別されなければならない。これらの言葉は、微妙にしかし決定的に異なった概念である。私はこれを「TRF問題」と呼んでいる。

35) 松浦正浩『実践！交渉学：いかに合意形成を図るか』（ちくま新書、2010年）参照。

36) Roger Fisher & William Ury, *Getting To Yes*, Random House, 1981, 1991.（改訂版邦訳：金山宣夫他訳『新版ハーバード流交渉術』TBSブリタニカ、1998年）；William Ury, *Getting Past No*, Bantam Books, 1991, 1993.（初版邦訳：斎藤精一郎訳『ハーバード流NOと言わせない交渉術』三笠書房、2000年）；Roger Fisher & Daniel L. Shapiro, *Beyond Reason*, Harvard Negotiation Project, 2005.（Penguin Books, 2006）（邦訳：印南一路訳『新ハーバード流交渉術』講談社、2006年）※GPNの改訂版（1993年）には邦訳が存在しないようであるが、初版からはかなり本質的な変更がなされており、内容的にも格段に優れているように思われるので、本書では改訂版に基づき議論している。

37) 日本における近代的裁判制度は明治期になってから本格的になるが、中世や近世の時代にも裁判は存在した。ただ、かつての訴訟は、必ずしも個人単位のものではなく、村落共同体などの存在に大きく左右されるのが通例であった。過去と現在をつなぐ法制史研究にも法社会学的関心は重なる。例えば、羽下徳彦『点景の中世：武家の法と社会』（吉川弘文館、1997年）で描かれた中世の法の姿、歴史学研究会編『紛争と訴訟の文化史』（青木書店、2000年）所収の関連論稿における公権力と紛争主体との裁判をめぐる位置関係、渡辺尚志『武士に「もの言う」百姓たち：裁判でよむ江戸時代』（草思社、2012年）で紹介された江戸時代の訴訟事例など参照。

38) 「法化」に対抗する社会的な動きが「非法化（delegalization）」である。紛争処理とそれを通じての法の（ないし社会秩序の）再生を、国家的管理の下に行われる狭義の権利をめぐる闘争に極限させることなく、日常世界の観点も組み込んで広く人々の手に取り戻そうとする動きのことである。私はかつて、主としてアメリカ合衆国における19、20世紀にまたがる「法化」と「非法化」の大きな流れに着目し、その当時の法曹界に大きな影響力を持つことになった出来事ないし歴史的文献、すなわち、

R・スミスの著作（『正義と貧民』 *Justice and the Poor*）やR・パウンドの講演や論文（「裁判不満論」など）、およびその流れをくむ諸論考の検討を通じて、現代のADR（代替的紛争処理）にもつながる社会変動について考察したことがある。和田安弘「軽微紛争処理に関する理論的一考察」（東京都立大学法学会雑誌26巻2号、1985年）参照。なお、このような社会変動を身近に感じさせる教材ともなるのが、アメリカのテレビドラマ「大草原の小さな家（Little House on the Prairie）」である。この作品には、19世紀後半のアメリカ社会が急激に「法化」されていく様子が、そこに巻き込まれる人々の生き方とともに活写されている。ドキュメンタリーではない（フィクションのドラマである）が、史実に即してそこに描かれている世界は一つのリアリティとして、貴重な資料となるように思われる。

39) 紛争処理と紛争解決の融合という課題とその実現可能性について「リアリティの共有」という視角からさまざまに検討したものが、前掲拙著『紛争と共感のリアリティ』である。「裁判」の望ましい将来像を展望する一つの議論として参照していただければ幸いである。

第7講（権利の成立）

　ここまで、法と紛争について、そしてその前提となる社会について述べてきた。残る大きなテーマは権利である。おそらく、第1講（社会とは何か）の冒頭に述べたことは「権利」という言葉についても当てはまるであろう。「大人でも子供でも、そのほとんど誰でもが知っている」言葉であるが、「その意味を簡潔に述べよと言われたら、多くの人が戸惑うに違いない」からである。ここではまず、社会関係の調整に関わる「権利」という観念（考え方）がどのようなものであり、それがどのような条件の下に成立するのかということから考えていきたい。

　権利とは何か、と考えるならば、まずその「中味」（権利という観念的仕組みによって担保されるもの）は何かと考えることが必要である。その意味での「中味」とは、すなわち「利益（インタレスト）」である。利益の想定されないもの・ことについて、それを自分の支配下に留保しようと画策する人は皆無に近いであろう。川原に小さな石を見つけて「きれい」だから持って帰ろうと思う人はいても、特に気に入ったというわけでもない小石を懐に入れて「これは私のものだ」と主張する人はいない。落ちているものが同じ大きさの宝石であったり、キリストの顔や十字架が浮かび上がる類の「聖石」であったりすれば、それを見つけた人がそんな主張をすることもあるかもしれない。しかし、そこにある「利益」を闇雲に「私のものだ」と叫んでみても、おそらく社会はその主張に納得してはくれない。社会が（つまりは、他者が）納得するのは、その利益確保の主張に「正当性」があると認められる場合に限られる。所有物をなくした後にそれが見つかった場合とか、無主物先占の原則が適用されるケースであるとか、その主張が何らかの「正当性」に包まれた「利益」に関するものであることが必要なのである。

つまり、権利とは「利益と正当性」をその要素とする「正当性という包装紙に包まれた利益」のことなのである。しかし、そうした正当性が社会の中で、他者から常に（自動的に）尊重されるとは限らない。第4講において、「法とは、妥当している秩序（すなわち正当性があると信じられている秩序）への侵害があるときには社会内の強制装置による物理的ないし心理的な強制が（実行される可能性が）社会的に保持された状態にある当該秩序の意味内容のことである」と述べたように、法（＝権利）はその妥当が保障されなければ社会的効力をもつものとして維持されることはない。したがって、権利と呼ぶことのできる「利益」は、その「利益」が実際に「（国家）権力」によって支えられていなければならず、そうでなければ権利もただの画に描いた餅になってしまう。権利（としての利益）は、単に「正当性」に包まれているというだけでなく、「正当性を備えた利益が権力によってバックアップされている」状態になければならないということである。

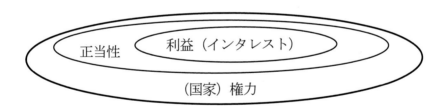

図7　権利という概念

こうした「権利」を構想することの意義（意味）は何か。それは言うまでもなく、権利という観念をもって、社会内の人間どうしの利害関係を調整することにある。もちろん、そうした利害調整の仕方にはいろいろなやり方がありうるのであって、権利（という観念）を用いるのはそのうちの一つに過ぎない。「権利」による調整ではなく、肉体的な優越

性（体の大きさ、腕力の強さ、など）や効果的な武器に頼ることで相手を圧倒するという、原始的な方法にも捨てがたい魅力があるように思われる。子どもの争いにはしばしばこうした手段が登場するし、大人の世界になれば優劣を決める目安は暴力的な力関係に限られず、財力や知力などが多元的に作用する。また、法秩序の外に生きるアウトローの人々には超権利的な異次元の力関係が存在するであろうし、法の守護神である（はずの）強制装置を担う人々でさえ、こうした権利以外の実力とまったく無縁な生活を送っているとは考えにくい。

　そもそも利害関係を権利によって調整するという洗練されたやり方は、長い人類史においては、ごく最近になって登場した新参者である。その方法が全社会的な規模で成立するようになったのは、近代以降と考えてよい。中世までの社会では、人々の多くは村落共同体的な人間関係の中で生きてきた。その生活圏は限定的であり、自給自足的生活様式を基本に、貨幣が資本となる以前の静態的な経済活動の中で、昨日と同じ今日明日を生きる人々がほとんどであった[40]。

　そのような社会にあっては、秩序維持の機構として家父長的な身分制度が適合的であり、個々人が自ら（個として）権利主体となって「平等な人間関係」を結ぶことは想定されにくい。個人に権利を付与する社会的基盤がなかったからである。権利主体でない個人と個人は（法的には）対立することもない。現代においても、多くの家庭の中では、日常生活を送る際に家族構成員の間で権利に基づく主張がされることは滅多にないであろう。テレビのチャンネル選択をめぐる対立はあっても、この冷蔵庫は母親（冷子）の所有物であるから他の家族がそれを使うときには冷子個人の承諾を得る必要がある、という家庭は稀であると思われる。このように、権利主体ではない個人と個人の間には（法的な意味合いでの）「対立」が生じることはなく、そこには権利という利益調整のメカニズムも必要とされない[41]。

つまり、個人の主体性が埋没してしまう共同体的生活環境においては、権利という、横並びの（平等な）人間どうしの関係を規律するための人間関係調整ツールは不要（ないし不都合）なのであり、集団や組織のレベルでの秩序を維持するための別の形の人間関係調整メカニズムが発達するのが自然である。その「別の形」こそ、人類史的にはおなじみの、（権利的ではない）権力的な秩序である。西洋では、「利益」の追求を至上命題とすることのない「兄弟盟約的なキリスト教倫理」が封建的な世俗の権力を温存するのに好都合であったし[42]、東洋では、「儒教的な価値観（君に忠、親に孝）」がこの秩序を維持するのには適合的な教えであった[43]。実際、身分的な上下関係が成立している社会は、秩序を維持する上では、もっとも効率的なシステムを備えていることになる。英語の「秩序order」に「序列・順序」という意味があることは偶然ではない[44]。利益配分に関して、その権能が誰かに固定的に付与されているということは、権利における正当性の包装紙が常にその人に用意されているようなものであるから、その者は無条件にその権能を行使できるということであり、秩序としては、実に安定的に存在することになる。変化の少ない、正当性が流動化しない（正当性が正統性だけで成り立つような、とも言える）世界に生きることは、ある意味ではとても楽なことであるに違いない。

このような「安定」した社会の構造は非常に長期にわたり存在したが、近代という荒波に揉まれることで、その箍が外れる日がやってくる。世界史的に見て、はじめに近代を実現したのは西欧社会であった。そこにはさまざまな要素がかかわってくる。中世後期になって顕著になる封建制の緩み、12世紀ルネサンス、戦闘技術の革新（火器・火薬の開発）、戦争や伝染病などがもたらす人口流動、印刷技術の進展、大航海時代の到来（東西交易の拡大）、イタリア・ルネサンス、近代科学と近代哲学の幕開け、宗教改革（キリスト教会の相対的弱体化と再生）など[45]。こ

れらすべてのことが「近代」を生み出す原動力となっていくが、直接にして最大の要因は、人間の基本的欲求（SMAP）に衝き動かされて経済規模を拡大する社会そのものの中にあった[46]。すなわち、経済の拡大が社会に産業化をもたらし、そこに必然的に「分業」という労働形態が定着することになり、生産する個人間に「相互依存」の輪が出来上がることで、個人は全社会的な規模で権利主体（法的人格）となっていく。このことが原動力となって、人々が身分制から解放され、個々人が基本的に平等で相互交流する社会が形成されていくことになるのである。

　この人類史的な社会変動に着目したG・W・F・ヘーゲルとK・マルクスは、そのダイナミクスの核心となる、経済と法（＝権利）の関係を以下のように捉えて議論している。ヘーゲルの捉え方は、およそ次のようなものである。SMAPのうち、とりわけSとMがここで重要な要素となるのであるが、人間は基本的な生活様式（その基本欲求）として物を欲する。しかも、Mの作用を考えればわかるように、人は現時点で必要なもの以上の物を欲するようになるのである。人間にとって、労働はその欲求を実現させる「自然への働きかけ」としてあり、労働を通じて（あるいは、労働させることを通じて）その欲求を満たそうとする。

　この欲求と労働の関係から、抽象的な存在である人格性や権利が生まれてくることをヘーゲルは見抜いている。すなわち、論述のレトリックとしては、人格や権利など、抽象的な概念（理念）の成立という結論がまず語られて、その理念が実際の社会生活の中で意味をもつようになるのは、それが「教養Bildung」すなわち「生活の組み立て」の中でリアリティをもったものとして現実化され生活そのものを規定するようになるからであると説くのである[47]。すなわち、議論の実質は、下部構造的な生活（経済活動）における実態が、そうした理念の通用性を下支えしているということであり、後述するマルクスの議論と内容的には同じことになると言ってもよいであろう。

ヘーゲルの議論は観念論であるからイデオロギー（ないし社会内の諸々のイデオロギー装置）を重視し、マルクスの議論は唯物論であるから社会の経済的基盤に決定的意味を見出したという理解も成り立ちうるが、両者の論述のレトリック上の違いは、「分業」という社会現象への視線の向け方にあるようにも思われる。そもそも、上述したようなヘーゲルの立論が成り立つのは、「自然への働きかけ」が、近代社会では「分業」という効率的な生産様式を生むためである[48]。資本主義的生産との関係で「分業」に最初に着目し詳細な分析を行ったのは18世紀のA・スミスであり、学問としての経済学も19世紀にはその基礎が確立する[49]。効率的な生産こそは産業資本主義を支える原動力であり、そのために分業化の流れが加速し、産業を担う者たちの間での相互依存は強まっていく。こうした社会状況が定着したのが人類史的な大転換のあった18、19世紀であった[50]。この時期、西欧では相互依存の人間関係が全社会的に広がり、社会の基礎を成す個々人の次元においても、相手の人格（すなわち権利）を認めあう「権利社会」が成立したのである。

　したがって、マルクスの独自性は、下部構造が上部構造を規定するという基本認識に基づき、スミスやヘーゲルが指摘した「分業」に基礎づけられた社会過程（すなわち商品交換という社会過程）に着目することから議論を組み立てていることにあると言えそうである[51]。マルクスの議論展開に従えば、実態としての分業と商品交換の全社会的広がりが、相互依存に基づく人格と権利を成立させるということである。とりわけ、貨幣を介した等価交換は、＜G－W－G＞による利潤発生のメカニズムでありながらも[52]、形式上は相手の所有権を尊重した上で社会の経済的基盤を成り立たせる「平等な」仕組みであるから、商品交換という資本主義的関係（下部構造）が、個人の権利の尊重という理念（上部構造）を必然的に生み出すことになる。これは、マルクスの資本論における中心命題（労働による剰余価値の産出）の背後にあってその命題を支える、

より普遍的な命題である。

このように「欲求と労働の関係から、抽象的な存在である人格性や権利が必然的に生まれてくる」とするヘーゲルと、「商品交換という資本主義的関係（下部構造）が、個人の権利の尊重という理念（上部構造）を必然的に生み出す」とするマルクス、この二人の論点は共通していて、要するに、分業による生産と交換という「相互依存」の関係が、社会の中に、法的人格（個人の権利）の成立をもたらし、その人格どうしの等価交換（契約）を通して、権利の相互尊重がさらに深まっていく、ということが議論の核心となる。このようにして近代的権利は確固とした利益調整・人間関係調整のツールとして世界規模で定着していき、新しい時代の社会秩序の維持に大きく貢献するようになるのである。ではこのような近代的権利の図式が明治期に我が国に導入されて以降、日本文化の中では、それがどのように受容され変容してきたのか。次にこの問題を考えてみたい。

【注】

40) 岩井克人「ヴェニスの商人の資本論」（同『ヴェニスの商人の資本論』ちくま学芸文庫、1992年、所収）は、貨幣の資本への転化に伴い、経済活動にそして人々の社会生活に根本的な変革が生じていくさまを、中世から近世への歴史的変遷を背景として印象的に描いている。

41) 渡辺洋三『法を学ぶ』（岩波新書、1986年）p.210以下には、「権利成立の条件」として「平等性、対立性、正当性、定量性」の4点が挙げられている。平等な社会とは、封建制度に立脚した権力構造・身分制度を脱した社会のことであり、対立性を孕んだ社会とは、法的主体（法人格）を認められた個人が主体性をもって社会成員となる社会のことである。正当性に関しては、権利による主張に正当性が認められる社会であることが（正当性の概念については第4講参照）、定量性に関しては、権利の中

味である利益（インタレスト）の範囲が明確に定まっていることが、権利追求の前提条件となる。最後の点について、例えば、労働条件を決めずに働くことは、労使間に権利義務関係が存在している労働ではなく、一種の奉仕活動である。

42) 「兄弟盟約(Verbrüderungsverträge)」という概念(Max Weber, *Wirtschaft und Gesellschaft*, 1922.（前出注17参照）『経済と社会』第2部第7章第2節）および、それを体現する中世的なキリスト教倫理については、前掲・岩井「ヴェニスの商人の資本論」p.15以下において、M・ヴェーバーの「兄弟盟約」に関する議論を踏まえて、商品交換の全世界的展開の中にそうした旧来の倫理観・価値観が相対化される過程が描かれている。なお、このような世界史的大転換の背景には、キリスト教の普及（罪の意識を基底とする個人概念の成立、およびその核心に位置する「告解」の義務化）がある。その歴史的意義について、阿部謹也『ヨーロッパを見る視角』（岩波書店、1996年）、認識科学の観点からの解説として、苫米地英人『「イヤな気持ち」を消す技術』（フォレスト出版、2012年）第6章など参照。

43) 儒教に関する文献は沢山あるが、日本で孔子の思想としてもっともよく知られている言説については金谷治（訳注）『論語』（岩波文庫、1999年）、世界史の中で鳥瞰図的に儒教というものを理解するうえでは陳舜臣『儒教三千年』（中公文庫、2009年）、儒教の本質（特にその宗教性と礼教性の分化と統合性）については加地伸行『儒教とは何か』（中公新書、1990年）、儒教が体制イデオロギーとして利用される歴史については渡邉義浩『儒教と中国：「二千年の正統思想」の起源』（講談社選書メチエ、2010年）など参照。

44) ラテン語の語源（ordo）に遡っても同様である。寺澤芳雄他編『英語語源辞典』（研究社、1997年）、田中秀央編『羅和辞典』（研究社、1966年）など参照。

45) 中世から近代にかけての変遷に関わるさまざまな出来事については、阿部謹也『ハーメルンの笛吹き男』（ちくま文庫、1988年）、横山紘一『ルネサンス』（講談社学術文庫、1993年）、菊池良生『神聖ローマ帝国』（講

談社現代新書、2003年)、井上浩一『生き残った帝国ビザンティン』(講談社学術文庫、2008年)、伊東俊太郎『十二世紀ルネサンス』(講談社学術文庫、2006年)、阿部謹也『近代化と世間』(朝日新書、2006年)など参照。

46) SMAPについては、第1講参照。

47) G・W・F・ヘーゲル『法の哲学』§209 (Georg Wilhelm Friedrich Hegel, *Grundlinien der Philosophie des Rechts*, Suhrkamp, 1986) 参照。

48) ヘーゲルのここでの議論には「分業」という直接的な言葉は使われていないが、その『法の哲学』§209における表現(「欲求とそのための労働との相互関係の相関性 "Das Relative der Wechselbeziehung der Bedürfnisse und der Arbeit für sie")には、すなわち分業のことが念頭におかれていたと思われる。なお、この点に関して、加藤尚武『ヘーゲルの「法」哲学』(青土社、1993年)は、「要するに、＜分業という社会関係が内面化されると、侵してはならない人格と所有権となる＞という趣旨である……権利を現実化するものは、分業という経済関係である」(p.235)と述べている。

49) スミスと19世紀経済学について、丸山徹『アダム・スミス『国富論』を読む』(岩波書店、2011年) p.2以下参照。『国富論』は「分業」についての議論から始まる。Adam Smith, *An Inquiry into the Nature and Causes of the Wealth of Nations*, Book 1, Chapter 1 "Of the Division of Labour."

50) 18世紀から19世紀にかけては、世界史的な大変革を象徴する出来事が起きている。アメリカ合衆国独立 (1776年)、フランス市民革命 (1789年)、世界初の工場法 (1802年)、ナポレオン法典 (1804年)、ドイツ連邦成立 (1815年)、等々。

51) スミスが『国富論』を「分業」の議論から始めたように、マルクスが『資本論』を、(経済学批判という形での経済社会論を展開するにあたっての要石となる)「商品」および「商品交換」の議論から始めていることには大きな意味があった。第1巻(資本生成過程)第1編(商品と貨幣)第1章(商品)・第2章(交換過程) 参照。Karl Marx, *Das Kapital*

: *Kritik der Politischen Ökonomie*, Buch 1 (Der Produktionsprozeß des Kapitals), Abschnitt 1 (Ware und Geld), Kapitel 1 (Die Ware), Kapitel 2 (Der Austauschprozeß). なお、前掲・加藤『ヘーゲルの「法」哲学』は、ヘーゲルが『法の哲学』§209で述べていることは、「マルクス的な言い方をすれば、商品交換という資本主義的関係が、個人の権利の尊重という理念を含む上部構造を生み出す」(p.236) ことであると理解している。また、「下部構造」「上部構造」という概念については、あらためて説明するまでもないと思われるが、マルクス自身の言葉で語られた部分を以下に引用しておこう。「生産諸関係の総体は社会の経済的機構を形づくっており、これが現実の土台となって、そのうえに、法律的、政治的上部構造がそびえたち……物質的生活の生産様式は、社会的、政治的、精神的生活諸過程一般を制約する。」「人間の意識がその存在を規定するのではなくて、逆に、人間の社会的存在がその意識を規定するのである。」(K・マルクス（武田隆夫他訳）『経済学批判』（岩波文庫、1956年）「序言」より引用）

52) ＜G−W−G＞と＜W−G−W＞の相違および連関については、『資本論』第1巻第4章「貨幣の資本への転化」(前掲Marx, *Das Kapital*, Buch 1, Kapitel 4 (Verwandlung von Geld in Kapital)) 参照。資本主義の本質を＜W−G−W＞の＜G−W−G＞への展開だと見抜くマルクスの視点には、「コロンブスの卵」「目から鱗」の思いを強くさせられる。等価交換でありながらも財貨の観念化を導く＜G−W−G＞の経済運動の中に利潤が発生するメカニズム（後注53参照）、すなわち貨幣という特殊な商品の成立によってそれが資本へと転化していくメカニズムこそが資本主義の本質であり、歴史的には、商業資本主義・産業資本主義・ポスト産業資本主義と変化しつつも、その本質を微塵も変えることのない資本主義の凄まじいばかりのエネルギーが、あらゆるモノを商品に変えてそこから利潤を搾り出すことになる。今や、水や空気などの自然でさえ、あるいは人間的な繋がりや厚意でさえ、商品化されていることを当たり前のように思う人が普通になってしまったのかもしれない。きれいな空気

はエアコンや空気清浄機で手に入れるもの、飲み水はボトルに入って売られているもの、教育はお金を出して調達するもの、就職も結婚もそれなりの投資と自助努力を必要とするもの、等々。

第8講（日本社会における権利の位置づけ）

　近代的権利の最大の特徴は、その個人性にある。第7講で述べたように、権利とは、「横並びの（平等な）人間どうしの関係を規律するための人間関係調整ツール」であるから、権利が基本的に個人に帰属するのは当然であり、世界中の財は個人の支配に分属するようになる。外界にある対象は、土地も家もそこに収蔵されるものも、すべてのモノが商品化され、権利の対象となっていくのである。＜G－W－G＞の中の商品（W）は、もともと売るための（それによって新たな貨幣（G）に転化するための）モノであり、利潤生成のための手段に過ぎない存在であるから、それ自体の使用価値が考慮されることはない。そうである以上、そのモノ（商品）を実際に支配していることに本質的な意義は認められず、財物も、それを支配する記号である権利も、現実支配という呪縛から解き放たれて、観念的・抽象的な存在となるのである（逆に、財貨が観念化することにより、本質的に観念的な存在である権利という「箱」に収まることになる、という言い方もできるかもしれない）[53]。

　対象に及ぼす現実支配を離れてもなお効力をもち続ける力としての権利、すなわち「観念的な権利」が成立するのが、資本主義的経済構造を基礎として成り立つ近代社会の特徴である[54]。そうした「近代」が、徳川幕藩体制の崩壊とともに、明治国家の政策として我が国に持ち込まれた。しかしながら、社会的諸制度の外観が「近代化」することと社会が真に近代化することは同じではない。株式会社を設立し、西欧風の大学が創立され、国民の代表が議会を構成して、経済・文化・政治の諸側面の西欧化が実現しても、社会を構成する人々の基本的な生活感覚（第5講において言及した「生ける法」のような基本的な生活規範）は簡単には変わらない。

その「変わらなさ」が、我が国における権利の「観念性」の不徹底として現れてくる。川島武宜著『日本人の法意識』では、「国民の日常生活においては、近代以前からの伝来的な所有権の意識が、広汎な人々の行動を決定してきた」という認識において、いくつかのエピソードが紹介されている[55]。第二次大戦後間もない頃の「落とした煙草」事件、第二次大戦期の「疎開した衣類」事件、および、それらと対照的な1965年の米国ハワイでの「住宅敷地侵入」事件などである。現実支配を離れたモノは本来の権利者のものから実効支配をする者のものへと変わってしまう傾向を示す前二者の事例に対して、写真撮影を目的に私立探偵が宅地へ無断侵入したことに対して宅地の所有者が銃で侵入者を撃ち殺したという事件が示すことは、アメリカ社会における「絶対的かつ観念的な権利」の存在である。私有財産である宅地にみだりに立ち入ることは他者の権利を侵害することであり、厳に慎まれるべきことがらであって、権利は絶対的かつ観念的に保障されなければならないのであるから、侵入行為に弁解の余地はない。現に使用されていない土地であれば、法的には不法侵入となる場合でも、通行や子どもの遊び程度であれば許容されることも珍しくない日本社会における「常識」とは異なる世界がそこにある。

　私自身にも同様な経験がある。20世紀末のことであるが、イングランドの大学のキャンパスで、まだ小さかった息子との散歩の途中に、日本では珍しい芝のテニスコートを見つけ、その誰もいない（囲いもない）コートに立ち入った瞬間、遠くのほうから人の声が聞こえてきたのである。「そこは私有地ですよ（"Excuse me. It's private."）」と叫ぶ若い女性の声であった。小さな子どもにローンコートを見せているだけなのに、と、その声に少々、暴力的なものを感じたことを覚えている。何もそこまでしなくても、という思いが、権利の絶対性・観念性の徹底しない日本社会で育ち生活してきた筆者の正直な感想であった。

上述（第7講）したように、権利の中味は「利益（インタレスト）」であり、裸のインタレストの奪い合いとは異なる「権利の世界」においても、その「利益」に正当性の衣を被せて自己の「利益」を「権利」にまで高める行為、さらにはそのような「権利」を個々人の間で相互に尊重しあう行為も、その本質においては、競争的ないし闘争的な要素を基盤としていることは疑いようのないことである。そうした緊張関係の中でこそ、権利という利益調整のメカニズムは維持されるのである。したがって、権利を成立させ保持していくためには、常に権利者自身による積極的な関与があることが前提とされることになる[56]。その原理を、かつて筆者は「クレーム文化」と呼んだ。そしてそれと対を成すのが「オネガイ文化」であり[57]、その一対の概念は、日本社会ないし日本文化（そこで生活する人々の社会的相互行為）を理解する上での一つの理解枠組みとなるように思われる。1999年に著した拙稿「理解枠組みとしてのオネガイ文化」（前出注57参照）では、その実例となる1982年に起きた米国での出来事（「ラジオ局事件」）が次のように紹介されている。

> この出来事が象徴的に示していること、それはアメリカという社会が権利主張の網の目として理解されうる性質をもっているということである。このような文化を「クレーム文化」と呼ぶことにしたい。そこでは利益（インタレスト）は権利という装置を通じて実現されるが、その実現に責任をもつのは基本的には利益を享受する側の者である。したがって権利主張（クレーム・要求）をすることは権利をもつ者の当然の責務であることになる。……では私は何故、番組の始まる前にテープのことを確認しなかったのであろうか。それは、そのような確認をすれば相手の能力や誠意を疑うことになる恐れがあると無意識に判断していたからである。日本の社会では権利主張は自然な行為ではない。……権利主張は「言わずもがな」のこととして敬遠され、むやみにそれをすれば「はしたない」行為として軽蔑の対象ともなりかねない。利益提供者の配慮が不十分で利益の実現が危ぶまれるときでさえ、権利主張とは異なるへりくだった形の意思の伝達（「お願い」）がなされるのが普通である。「すみませんが、悪いんですけど、○○していただけないでしょうか」と、こちらは少しも悪くないのに言ってしまう。これが「オネガイ文化」なのである。(pp.3f)

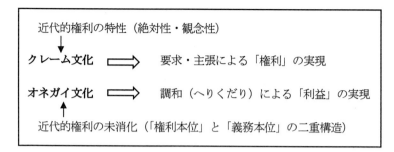

図8　クレーム文化とオネガイ文化

　しかしながら、このような「オネガイ文化」的特質が、急激な社会変動の進行する現代の日本社会にあっても、変わらずに維持されていくものであろうか。その点に関しては、同じ論稿に、別の拙稿を根拠として次のように述べられている。

>　結論を先に述べれば……日本の社会においては現在でも「権利」の観念は未消化のままであり、若者たちの間でさえ「権利本位」のルールが確立されたとはいいがたい。……若者たちの「日本人的法意識」すなわち「義務本位」のルールの採用を示す例でもっとも多かったのは、貸したものの返却を請求できない（あるいは請求しにくい）という悩みであった。これは「オネガイ文化」の心情として前述したところの心理機制そのものである。つまり「相手志向」の判断（ちなみに、否定疑問に対する日本語の受け答えがこのことをよく物語っている）と「自我防衛」の必要（これについては前述した）から、「世間」あるいは「周囲」の納得を得られる状況が成立するまで、権利主張はお預けとなる。……こうした事情から、「義務本位」のルールがうまく機能するためのやっかいな条件に自らの生活を適合させるよりも、むしろ「権利本位」のルールに移行することによってそのような問題を解決すべきであるという考え方の人が生じてくるのであろう。現在ではまだ非日常的な人間関係の場において採用されるにとどまることの多い「権利本位」のルールを、日常的な関係においても適用していこうとする新しい考え方である。数の上ではまだまだ少数派であるが、日常生活自体が「個室化」して非日常的な人間関係に近づいていくならば、こうした考え方はこれから急速に広がっていく可能性があるように思われる。(pp.8f)

ここで根拠となった「別の拙稿」とは、1997年公刊の拙稿「KT世代の権利観念」であり、そこにおいて、自らの調査データに基づき、「権利本位」ルールと「義務本位」ルールの比重に関して、若者たちの行為や意識が分析されている。その結果として明らかになったことは、「義務本位」の利点を使いこなす訓練（「社会化」）の場が希薄になったことから、少なからぬ数の若者たちに「義務本位」離れの兆候が見られる一方で、「権利本位」の全面的展開には至っていない「どっちつかず」の状況にあるということであった[58]。

上述したように、資本主義の世界になれば、「財物も、それを支配する記号である権利も、現実支配という呪縛から解き放たれて、観念的・抽象的な存在となる」のであって、分業の結果としての個々人の相互依存性から必然的に生じてくる近代的権利は、「絶対性」と「観念性」をその特徴として持つはずであった。しかし、日本社会における「権利」はそのような徹底を遂げることなく今日に至っている。ここまで第8講においては、そのあり様を描いてきた。日本社会は、その概観はすでに完全に権利社会化されており、実際の権利主張も頻繁になされている。それが、日常的な生活感覚にまで深く浸透してはいない（日常的には、権利主張にかなりの「ためらい」がある）ということにこそ、日本社会の特色があると言うべきであり、「権利本位」と「義務本位」のルールは、日本社会において二重構造状態にあると理解すべきであろう[59]。そうした理解をさらに深めるために、次に、権利主張の典型的な形である裁判について語られてきたことの論点を整理してみたい。

【注】

53) 川島武宜『日本人の法意識』（岩波新書、1967年）p.62以下に、近代的権利の特徴として、以下の3点が挙げられている。1. 私的性質、2. 絶対

性、3.観念性。財産が「私有財産」として認識されることを前提として、その財産に対する支配の形式が「包括的」である（一つの対象について一つの包括的な権利が成立する）ことと、その包括的な権利が実際上の支配行為から離れて「観念的」に（資本主義的な世界では、対象となる財貨が使用価値から離れて交換価値的に捉えられるようになることとパラレルに）存在するようになる、というのがその論旨である。財貨と権利の観念化をもたらす資本主義的生産はこうして権利の生成に関与することになる。

54) 資本主義的経済構造が近代社会を牽引したことは異論のないところであろうが、「観念的」権利には常に暴走のリスクが伴う。資本主義の展開が20世紀末からグローバリゼーションの大波となって世界を覆うまでに至っていることは周知のことがらである。迷走する社会が抱える諸問題を読み解くための「処方箋」（後掲邦訳書「訳者解説」p.163）として、A・ギデンズによる社会学的評論を参照。Anthony Giddens, *Runaway World*, 2nd ed. Routledge, 2003. なお、邦訳書（佐和隆光訳『暴走する世界』ダイヤモンド社、2001年）は原著第1版（1999年）の翻訳である。

55) 前掲・川島『日本人の法意識』p.71以下参照。

56) 権利の否定は人格そのものの否定につながる、その侵害に対して断固として抵抗することは権利を持つ者の義務であるとR・イェーリングは力強く訴えた。『権利のための闘争』（岩波文庫、1982年）参照。なお、初出が1872年の原典（Rudolf von Jhering, *Der Kampf um's Recht*）を私自身はまだ参照できていない。村上淳一訳の上記邦訳書からそのまま引用させていただくことになるが、イェーリングは次のように（熱く）語っている。「自分の権利があからさまに軽視され蹂躙されるならばその権利の目的物が侵されるにとどまらず自己の人格までもが脅かされるということがわからない者、そうした状況において自己を主張し、正当な権利を主張する衝動に駆られない者は、助けてやろうとしてもどうにもならない。……こうした連中にふさわしい唯一の言葉は……カントの一句である。すなわち、「みずから虫けらになる者は、あとで踏みつけられても文

句は言えない」……［但し］私はどんな争いにおいても権利のための闘争を行なえと要請しているわけではなく……私の理論によって批判されるのは、臆病や不精や怠惰によって漫然と不法を甘受する態度だけである。」(「序文」p.13, p.15)「権利＝法の目標は平和であり、そのための手段は闘争である。権利＝法が不法による侵害を予想してこれに対抗しなければならないかぎり……権利＝法にとって闘争が不用になることはない。……権利のための闘争は、権利者の自分自身に対する義務である。」(「本文」p.29, p49)

57) この一対の「文化」が文字として初めて登場するのは、和田安弘「日本人が権利と向き合う時」(国際人流40号、1990年) においてであり、その論点を整理した論稿が、同「理解枠組みとしてのオネガイ文化」(大阪女子大学人間関係論集16号、1999年) である。

58) 和田安弘「KT世代の権利観念」(大阪女子大学人間関係論集14号、1997年) 参照。この論稿における分析によって得られたもっとも重要な論点は、日本文化の「相手志向」性である。そもそも相手志向の文化であるから「義務本位」が基本となるのであるが、「子供のときから長い時間をかけてその言語ゲームになじんでいてこそ、そのような［その場において具体的に何が求められているかの］状況判断が可能になる……核家族のなかで個室化した空間と仮想現実に長時間を過ごし、社会のなかでもなるべく喜怒哀楽のぶつかりあいを避けて通るような人間関係を求めるならば、「義務本位」のルールの基礎となる日本社会の言語ゲームを習得するチャンスは著しく減少する」(前掲拙稿「理解枠組みとしてのオネガイ文化」pp.7f) のである。日本社会に「相手志向」「義務本位」「権利主張へのためらい」が見られる理由についても、次のように説明されている。「日本の社会で権利主張がためらわれるのは何故であろうか。……それは相手方ないしはその背後にある他者一般（「世間」）の承認を得たいという心情である。……すなわち「人の目」に照らして気のひけることは自主的な規制の対象となるのであり、日本人にはこの基準が半ば無意識に維持されている。……それは日本の社会に広く見られる「規範と事

実の一元化」現象と深く関係している。……［例えば］現に対象を支配している者に一種の正当性が付与される感覚のことである。……貸したものの返却を迫るのは事実上相手からそれを奪うことになるのであるから、ひとつ間違えばそれは強欲な行為としてとられる恐れがある。「強欲」だとか「ケチ」だとかいう否定的なレッテルを貼られることは、自我防衛上の脅威である。……したがって、単に権利があるというだけでは足りないのであり、その権利主張に相手方や世間を納得させるだけの理由が必要になるのである。……世間を納得させられるだけの条件がそろわなければ、権利主張はその分だけ「オネガイ」としての性格を色濃くもつことになるのである。」(同pp.4f)

59) 前掲拙著『法と紛争の社会学』第5章（特に、同章の図4）参照。

第9講（権利主張としての裁判）

　日本人が訴訟をすることを好まないと考えるのは「神話」に過ぎない、という主張が米国の日本法研究者から提起され、それが「川島説」に対する顕著な反論になるとして大きな話題となったことがある。その論稿、米国ワシントン州立大学ロー・スクール准教授（当時）J・O・ヘイリー（John Owen Haley）の「神話としての訴訟嫌い"The Myth of the Reluctant Litigant"」をやや詳しく見ていくことを通して、日本における「権利主張としての裁判」について考えてみたいと思う[60]。

　まず「川島説」とは何か。それは、ヘイリーによれば、日本の内外を問わずに広く受け入れられているある見解を代表するものであるとされている。その見解とは、すなわち、日本人には、「私的な紛争を非公式的に和解で解決することを好む尋常ならざる文化的選好、およびその系としての司法的裁決を行う公式的機関を敬遠する傾向 "an unusual and deeply rooted cultural preference for informal, mediated settlement of private disputes and a corollary aversion to the formal mechanisms of judicial adjudication" (p.359)」があり、その結果として、「公式的紛争解決機関が備わっているにもかかわらず、その利用に積極的になれない "Japanese do not take advantage of the available mechanisms for formal dispute resolution" (p.359)」ことになるが、そうした傾向を下支えしているのが、「日本人特有の、妥協を好み、黒白を明確にする解決を信頼せず、公的に論争し公的に解決することを嫌う性格 "a peculiar Japanese penchant for compromise, distrust of clearcut 'all or none' solutions and distaste for both public quarrels and their public resolution" (p.359)」であるという理解である。この見解をもっとも明快に表明しているのが、日本における主導的法社会学者の一人で

ある川島武宜であり、特に、第8講でも取り上げた『日本人の法意識』の第5章（民事訴訟の法意識）にはそれが明示されている、とヘイリーは述べている（前掲Haley, p.360および同稿注1参照）。したがって、上記の「日本の内外を問わずに広く受け入れられている見解」のことを、ここでも「川島説」と呼ぶこととする。

　日本では、協調的な人間関係を重視する伝統的価値観が維持されているので、訴訟により明確に権利義務を確定することは好まれず、訴訟を提起することは公然たる挑戦（喧嘩を売ること）とみなされる、と川島が述べていることにヘイリーは着目している[61]。『日本人の法意識』には、以下のように述べられている。

　　わが国では一般に、私人間の紛争を訴訟によって解決することを、ためらい或いはきらうという傾向がある……。(p.127)

　　訴訟には費用と時間がかかるということは、わが国で訴訟が少ないということを説明する十分な理由とは考えられない……むしろ現代の裁判制度と日本人の法意識とのずれということのほうが、この問題にとってはるかに重要であるように思われる。……西洋の裁判制度にならった現代のわが国の裁判制度は、紛争事実を明確にした上、それにもとづいて当事者の権利義務を明確且つ確定的のものにすることを、目標としている。……ところが、このような解決は、本来、わが国の人間関係やそれについての意識には適しない異質のものであるのみならず、そのような裁判によって、それまで不明確・不確定であった権利義務は、明確・確定的なものに転化させられる。そうして、権利義務が明確・確定的でないということによって当事者間の友好的な或いは「協同体」的な関係が成立しまた維持されているのであるから、右のような訴訟は、いわゆる「黒白を明らかにする」ことによって、この友好的な「協同体」的な関係の基礎を破壊する。だから、伝統的な法意識にとっては、訴訟をおこすということは、相手方に対する公然たる挑戦であり、喧嘩を吹っかけることを意味するのである。(pp.139f)

　このような「川島説」に対して、ヘイリーは以下のような反論を展開する。最初に提起した問題は、「訴訟好きであること（訴訟を提起する

ことに抵抗がないこと）"litigiousness"」という言葉の意味を定義する必要性である。米国と日本における不法行為訴訟の件数を（人口規模を考慮して）比較してみると、明らかに米国のそれのほうが多いことがわかるが、それでもその比率は二倍程度であるし、単位人口当たりの民事事件数を比較してみれば、諸外国と比べて日本の数値が著しく低いわけでもない[62]。しかしながら、単なる事件数の比較だけでは、「川島説」を検証するには不十分ないし不適切である。問題とされているのは、訴訟件数の少なさではなく、訴訟を提起することに対する抵抗感（嫌悪感）の存在なのであるから。

　加えて、その「抵抗感」について言えば、一般に、訴訟は「最後の手段"a last resort"」なのであって、「訴訟は、結局、ほとんど常に、紛争解決手段としては費用のかかる面倒なものであるから、紛争当事者が非公式で私的な解決を試みようとするのは、むしろ普通のことであって、実際、ほとんどの社会において、紛争の大多数は非公式的に解決されている"Litigation, is, after all, almost always a costly and cumbersome process for resolving disputes, and ordinarily an aggrieved party to a dispute will attempt to reach informal private settlement. The overwhelming majority of disputes in most societies are in fact resolved informally." (p.365)」ことも忘れられてはならない。

　したがって、「川島説」の検証をする際には、「訴訟好き」の定義に関して、次のことを確認しておく必要があるというのがヘイリーの主張である。「日本人が「訴訟嫌い」であるという命題が意味を成すのは、紛争を抱えた日本人が、訴訟をすれば得られるであろう利得を無視して話し合いによる解決を選択する傾向があり、その結果として、どちらかの当事者は、とにかく訴訟をするのは嫌だからという理由によって、訴訟の場合よりも不利な結論であっても合意して（受け入れて）しまうという事態があるときに限られる。"Consequently, whether the

Japanese are nonlitigious is in itself significant for our purposes here only if by 'nonlitigious' we mean that Japanese involved in a dispute tend to reach negotiated or mediated settlements that do not reflect the litigated outcomes and one of the parties accepts a less favorable result because of an aversion to litigation in general."」「訴訟件数そのものに意味があるわけではないのであって、代替的紛争解決機関がうまく活用されるならば、裁判によりもたらされる規範の社会的効力を何ら損なうことなく訴訟件数を減らすことができるのである。"The frequency of litigation alone is not meaningful since the availability and successful utilization of alternative mechanisms for settlement may reduce litigation without impairing the efficacy of judicially-imposed norms."（p.366）」

　このことを踏まえて、あらためて、日本人は「訴訟嫌い」か、と問うならば、その「訴訟嫌い」を示す証拠はあるのであろうか。それはない、というのがヘイリーの見解である[63]。そうである以上、訴訟件数の相対的な少なさについては、「川島説」とは別の説明がなされなければならないことになる。ヘイリーは、その説明を（「意識」とは別次元の）制度的な諸側面に求めたのである。

図9　権利主張と訴訟

ヘイリーの指摘した「訴訟が相対的に少ないこと"a relative lack of litigation"」についての要因は以下の四つである[61]。第一は、「第三者の仲介の有効性"the effectiveness of third party intervention"」である。ヘイリーは、日本社会を、米国のような流動的で個人主義的な社会に比べて、より安定的な（社会秩序が階層的に安定している）社会であるとして、そのような社会においては第三者の有効な関与が成立しやすいと見ている。日本人が訴訟を頻繁に利用しないで済ませることができているのは、要するに、日本社会には、「第三者の仲介による非公式的な紛争解決に、より適合的な社会組織と価値観があるから"because of social organization and values more conducive to informal dispute resolution through mediation"（p.379）」という説明である。しかしながら、これでは「川島説」と五十歩百歩ではないか、と反論されるのを見越してのことであろうか、ヘイリーは、以下のような、より「制度的」な要因も指摘している。

　第二から第四の三つの要因は、「社会統制と社会発展を担う司法の効用を阻害したり増強したりする一連の要因"another set of factors that do inhibit or enhance the utility of the judicial model as a vehicle for social control and development"（p.379）」である。一つ目は、情報（information）。裁判所の活動（特に、その判決内容）に関する情報が社会的に共有されているかどうか、という問題関心である。二つ目は、アクセス（access）。実際に裁判所が利用可能な存在となっているかどうか、という問題関心であり、直接的な管轄制限（裁判所の審理対象の範囲）や、訴訟費用や時間的コストなどから生じる実際上の制限など、裁判所や法曹の制度を整備する課題とも関連してくる。三つ目は、権限（capacity）。裁判所による適切な救済を実現するためには、裁判所自身が、自らに求められていることを自覚し、その判決を執行する権限をもつことが必要であるとヘイリーは考えている。

訴訟の相対的少なさを説明する観点からこれらの要因について考えると、情報については大きな問題は認められず、アクセスと権限については制度上の問題点が指摘されうることがわかる。ヘイリーは、具体的データを示して、日本の裁判官の過重負担と訴訟遅延の問題を指摘している。裁判所の権限については、実際に使える救済の態様に限界があること（例えば、公職選挙法関連の訴訟で憲法違反の判決は出しても当該選挙を無効とすることは差し控えるといった政治的謙抑性）や、判決を執行するために用いられうる「法廷侮辱の権能（contempt power）」が日本の裁判所には備わっていないことが重大な問題であるとされている。

　こうした考察を踏まえてヘイリーは、この論稿を次のように結んでいる[65]。日本人が訴訟をことさらに嫌うという「神話」はきわめて害の大きい誤解であり、非公式的紛争解決が好まれること自体は、ほとんどすべての社会において見られる現象なのである。日本の状況について特筆されることがあるとすれば、それは、訴訟に「冷たい目（censure）」を向け、それをできる限り「禁じ手（interdiction）」とすることに、「制度的な対応によって（through institutional arrangements）」成功しているという点であろう。そのような日本社会におけるダイナミクスから学べることは多いはずであり、日本の裁判所のあり方から派生するプラス面（裁判外紛争解決が促進されるという効果）にもマイナス面（裁判による救済に限界があることによって生ずる諸問題）にも着目していく研究姿勢が求められる。訴訟の少なさを「文化的な、それゆえ、変えることが難しい原因（cultural ― and thus more immutable ― causes）」に求めてしまうことは、「より有効に機能する司法（a more effective judiciary）」の実現に向けた努力の妨げになることを自覚すべきである。

　このように、ヘイリーは、「川島説」のように社会自体に備わった文化特性から問題（訴訟が敬遠されるという現象）を説明するのではなく、その特性が社会的に制度化されているという点に着目することによっ

て、制度的な諸側面について、より実証的な視点に基づく分析を試みようとしているのである。このヘイリーの主張は必ずしも「川島説」の根幹にある社会の文化的特性という視点を否定するものではないが、意識とその反映としての社会的行為の間に、介在変数としての「制度的なもの」を据える必要を示唆したものであり、日本人の法意識・権利意識について分析する際には留意されるべき重要な視点であると言えよう。例えば、「川島説」の一つの根拠として川島自身が挙げた、第一次大戦後の訴訟と調停の割合の変化（第二次大戦期までの約20年間において、調停件数が飛躍的に増大していること）は権利主張による問題解決を避けて国民が調停に志向した結果であるという説明に対して、ヘイリーは、国民的意識の結果であるよりも、むしろ当時の支配層が打ち出した政策の結果であるという側面に着目している[66]。文化的特性ですべてが説明されるように考えることには、実証的な検証（およびそれに基づく現象理解）を締め出しかねない危うさがあるように思われる。

【注】

60) John O. Haley (1978), The Myth of the Reluctant Litigant, 4 *Journal of Japanese Studies* 359. この論稿の元になったペイパー（1976年）のタイトルは「日本人は訴訟好きなのかも "The Litigious Japanese?"」であった。この題名は、1978年の上記論文の論点を、より直接的に示しているように思われる。なお、論文公刊と同じ年の1978年に、邦訳が法律雑誌に掲載されている（ジョン・O・ヘイリー（加藤新太郎訳）「裁判嫌いの神話（上・下）」判例時報902・907号、1978・1979年）。有能な裁判官による迅速な訳出がこの論稿への注目度を高めたことは疑いなく、その業績は高く評価されるべきであろう。しかしながら、邦訳だけで議論することには落とし穴がありうる（この論稿についてもその例外ではない）ことに留意すべきである。

61) "As explained by Kawashima …… the endurance of a traditional concern for preserving cooperative personal relationships makes unwanted any definitive delineation of rights and duties through litigation. Bringing a lawsuit has meant issuing a 'public challenge and provoking a quarrel.'"（前掲Haley, pp.359f）

62) こうした統計上の数値を比較する際には、そこにいくつもの操作化が介在することに留意しなければならない。例えば、ヘイリーの引用しているデータは、正規の訴訟事件に加えてどの範囲の簡易手続事件（日本の場合には、調停・督促（支払命令）・仮処分などの件数）が含まれているのかが必ずしも明らかではなく（前掲Haley, p.362）、それらの扱い次第で「事件数」が著しく変動することは言うまでもない。

63)「日本人には、訴訟により得られるであろう利得よりも少ない額でも合意してしまうことになるような、特異な訴訟嫌いの傾向が見られることを示す証拠は存在するかといえば、その答えは否であり、そうした証拠がないことは、逆の結論、すなわち、ほとんどの日本人は訴訟による利得が和解による利得を上回るときには訴訟を選択することになるという結論が導かれることを示唆している。"Is there, then, any evidence of an unusual Japanese aversion toward lawsuits that leads a party to accept a settlement less beneficial than one he anticipates he would gain by suing? The answer, I believe, is negative. What little evidence there is suggests the opposite …… "（pp.367f）」

64) 前掲Haley, p.378以下参照。

65) 前掲Haley, p.389以下参照。

66) 前掲・川島『日本人の法意識』p.127以下参照。これに対して、前掲Haley, p.373においてヘイリーはこう述べている。「川島は日本人の訴訟嫌いの根拠としてこれらの法改正を重視しているが、日本人の心性と親和性のある代替的紛争解決手段を人々が求めたことの結果としてそのような法改正がなされたということを示す証拠は何もないのであって、むしろ、人間関係を基礎とする階層的社会秩序を訴訟が破壊して

しまうと恐れた支配層が、1920年代から30年代初めにかけての訴訟の増加傾向に対して、保守的志向に基づいて反応した結果であると見るほうが正しいであろう。"Kawashima relies heavily on the enactment of these statutes in arguing that the Japanese have been loath to litigate. Yet there is nothing to suggest that they were the product of popular demand for an alternative to litigation more in keeping with Japanese sensitivities. Rather it seems more accurate to conclude that they reflected a conservative reaction to the rising tide of lawsuits in the 1920s and early 1930s and a concern on the part of the governing elite that litigation was destructive to a hierarchical social order based upon personal relationships"(p.373)」

第10講（権利の性質と社会的機能）

　ここまで、第7講では権利概念の成立について概観し、第8講、第9講では、日本における権利の位置づけについて、社会生活一般の中での権利主張、および、紛争解決過程における典型的な権利主張である訴訟に着目することを通じて考察してきた。第10講では、その権利という概念自体を分析的に考察してみたい。権利概念には、「権利」と「特権」の二種類があり、それぞれに「義務」と「無権利」が対応し、それら四者が構造的に連関しており、さらに、その構造と相似形を成す連関が加わって、全体として二層の連関構造になっている。私はこれを「ホーフェルト図式」と呼んでいる。夭折の法理学者W・N・ホーフェルト（Wesley Newcomb Hohfeld）の論稿に基づく権利の分析図式であるが、ここではその論点をできるだけわかりやすく示すことによって、権利概念の基本構造を明らかにしてみたいと思う[67]。

　まず、この図式でホーフェルトが示そうとしたことは何か。そこから確認しておきたい。それは、「およそすべての法的問題に組み込まれている基本概念を分析的に識別すること "analyzing and discriminating the various fundamental conceptions that are involved in practically every legal problem"（前出注67 Hohfeld, p.19）」である。すなわち、ホーフェルトは、「日常的に生起する法に関する諸問題を理解し解決するために役立つはずの、しかしこれまであまり光が当てられてこなかった観点を強調し、法の基本概念、すなわち、あらゆる法関係に組み込まれている法要素を明らかにすることを目的としていた "the main purpose of the writer is to emphasize certain oft-neglected matters that may aid in the understanding and in the solution of practical, every-day problems of the law. With this end in view, the present article and another soon to follow will discuss, as of chief concern, the basic conceptions of the law, the legal elements that enter into all types of jural interests"（p.20）」のである。

　次に、この図式の全体構成について説明したい。「権利right」と対をなすのが「義務duty」であり、AがBに対して、ある「権利」を有しているということは、BはAに対してその「権利」内容を実現する「義務」を負っているということである。AがBにある物品の対価を支払ってその物を受け取る状況にあれば、AはBに対して、その物の引渡しを要求する「権利」を持ち、BはAの要求にそった行為を行う（つまり、その物をAに引き渡す）「義務」を持つことになる。要求内容が不作為のことであっても同じである。AがBに対して、（Bが）深夜の騒音を出すことのないように要求する「権利」を持つならば、Bは騒音を出さないようにする「義務」を持つ（すなわち、義務を負う）。このように、「権利」はそれに対応する「義務」なしには存在し得ない（意味を成さない）ので、両者は定義上、必然的に一対の関係（いわば、コインの裏表の関係）にあり、片方単独で存在することはない。

　この「権利」と「義務」の関係とパラレルに対応するのが、「特権privilege」と「無権利no-right」である。「特権」があるということは「義務」を負わないでよい状態にある（*FREE FROM DUTY!*）ということであるから、「特権」とは他者からの（法的な）干渉を受けないで済む「自由」のことであるとも言える[68]。また、「権利」と「無権利」、「特権」と「義務」は、それぞれ同一のことがらに関して同一人において両立することがない背反関係にある。すなわち、「権利」があるのに「無権利」でもあるというのは矛盾であり、「権利」があれば「無権利」ではなく、「無権利」であれば（当然ながら）「権利」がないのであって、同一人に二つの概念が同時に存在することは（同一のことがらに関しては）論理上ありえない。同じように、「義務」があれば（義務を負っていれば）「特

権」はなく、「特権」があれば「義務」はない（すなわち、「自由」がある）状態にある。「特権」があるのに「義務」があるとか、「義務」がない（すなわち、「自由」である）のに「特権」もないといった状態は（同一のことがらに関しては）想定できないのである。

　これらの四者関係は、現在の（あるいは、時間的制限のかからない恒常的な）権利関係を示しているが、ある条件が満たされれば、こうした「現在」の権利関係が発生することが想定されている権利関係というものも考えておかねばならない。そのような（将来において実効力を持ちうる現在の）権利関係が、これらの四者関係の上にそのまま"乗る"ことになる。「権利」と「義務」の上には「権限power」と「責務liability」が、「特権」と「無権利」の上には「免責immunity」と「無権限no-power」という概念が想定され、全体としてこれらが二層構造を成す[69]。

　「権限」という概念を例として、ホーフェルト自身がどのように説明（定義）しているかを確認しておこう。曰く、「ある法関係は、そこに何らかの（法的）事実が付加されることによって、変化を受けることになりうるが、その事実が意思的決断により付加され得る類の事実である場合には、その事実を付加するか否かを自在に決定する立場にある人間には、当該の法関係に特定の変化をもたらしうる「（法的）権限」が備わっていることになる。"A change in a given legal relation may result (1) from some superadded fact or group of facts not under the volitional control of a human being (or human beings); or (2) from some superadded fact or group of facts which are under the volitional control of one or more human beings. As regards the second class of cases, the person (or persons) whose volitional control is paramount may be said to have the (legal) power to effect the particular change of legal relations that is involved in the problem." (p.44)」

　このように「権限」は「権利」の上に"乗る"形で、「権利」と「義

務」の法関係に影響を及ぼしうることになる。理解しやすいように、日常的な例で説明してみよう。例えば、コーヒー無料券を持っているということは、その券を使えば無料でコーヒーの提供を受けることのできる「要求権」も持っているということであり、それを行使しうる"権利"を有している[70] (いま使っても使わなくてもよいという「自由」を有しているという点では「特権」としての性格も付与されている)ので、可能性としての「権利」、すなわちコーヒーを要求する「権限」を持っていることになる。これに対して、コーヒーを提供する店の側には、その「権限」に対応する「責務」があることになる。いわば、コーヒーを提供する「義務」を潜在的に負っているということである。また、当然、"権利"内容が不作為のことがらであっても、同様なことが言える。客の一人でも禁煙を要求する者がいれば店内を禁煙としなければならないというルールがあるところでは、客には禁煙を要求する「権限」があり、店にはそれに対応する「責務」があることになる。実際に禁煙を要求する客が現れれば、その時点で「権利」と「義務」の関係が発現することになるのであるが、その要求をするかどうかは、その客が自在に決めることができるという点がここでは重要なのである。

　スーパーの駐車場などに「事故があっても当店は一切責任を負いません」といった内容の掲示を見ることがある。これは、将来の起こりうる事故を想定している限りでは店の「免責」を主張していると理解することができるが、実際上は賠償責任の「義務」を負わないという「特権」を主張しているのと同じことであり、駐車場利用者には事故に際して店側に対しては賠償請求をする"権利"がない(「無権利」ないし「無権限」)と主張していることになる。このように「特権」と「免責」の境目はさほど明確ではないことも多い[71]。「特権」とは異なる「免責」性を明確に示している例を探すとすれば、保険証券にしばしば見られる免責条項(保険金支払いの請求があっても一定額までは保障の対象にならない契

約）を挙げることができる。

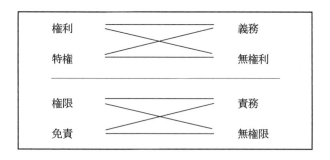

図10　ホーフェルト図式

　以上のような四対の概念（正確には、二対二層の構造をもつ八つの概念）すべてを、街でよく見かける「立入禁止」の看板を例にして説明してみよう。まず、地主Aは他者Bに対して、当該の土地に立ち入るな（立ち入るのを控えろ）という不作為の要求権を行使しているので、このサインはAの「権利」を示していて、Bはそれに対応する（立ち入るのを控えねばならないという）「義務」を負っている。それと同時に、Aは自分の土地について、Bの（法的）干渉を受けずに利用する自由を持っている（立ち入りを禁止しても、オープンにしても、第三者に貸しても売っても、どんなことでも、土地の所有権に基づき、することができる）ので、このサインはAの「特権」も示唆しており、Bはそれに対応する「無権利」（Aの行為に関して法的な干渉をすることができない）を引き受けている。

　さらに、Bがサインを無視して土地に侵入してきた場合には、Aにはその「妨害」を排除する請求権が発生する（所有権に基づく妨害排除請求権）ので、AはBの侵入という事態を想定した場合の将来の請求権を現在すでに（潜在的に）持っていることになり、その意味での「権限」を有しているのであって、Bはそれに対応した「責務」を負っている状

態にある（Aによる妨害排除請求権という「権利」の行使に対しては、それに応じて「義務」を負うことになる）。また、同じように将来の事態に対応するケースとして、侵入してきたBがその土地にあった穴に転落して負傷した場合に、Aはその損害に関する賠償責任を（原則としては）負わないことになるので、Aには「免責」が認められていることになり、Bはそれに対応する「無権限」状態にある。つまり、将来、土地の中で負傷することがあっても、その賠償を法的に請求する「権利」は生じない（すなわち、「無権利」状態になる）ので、現在のBは「無権限」であると言える。

　上述した例は、架空の単純化した話であるが、法律や条例などの法文を微細に検討してみても、権利の関係は、ホーフェルト図式に示されている八つの概念の組み合わせで成り立っていることがわかる。まさに「目から鱗」の分析的な視点であり、権利をこのような形で理解することは、表面上の複雑さを払拭して事象の本質に迫る「法理学 jurisprudence」の例として記憶されてよいであろう。まさに"権利"の観念は、「権利」として「特権」として、あるいはその対になる「義務」として「無権利」として、さらにはその展開である「権限」「免責」「責務」「無権限」として、人間関係の中に顕れるのである。一人ひとりの個人がこうした"権利"の主体であり、それを社会の視点で鳥瞰図的に見るならば、そうした"権利"の集積が"法"として現象する。このようにして我々は社会の中で、法という不可視ではあるが遂行的に作用する力の中で生きているのである。

　法（＝権利）を権利の側面から分析することで、社会の中核を担う規範である法の精緻な構造が明らかになり、社会秩序の維持に果たす法の機能と効果の大きさを再認識することができるようになるのであるが、その機能と効果にも限界があることはもちろんである。例えば、犯罪に厳罰をもって対処すれば、すべての犯罪に抑止効果の向上が認められる

わけでもなく[72]、紛争を法的に「処理」することが必ずしも紛争当事者にとっての問題「解決」を意味するわけではない[73]。法（＝権利）は、あくまで、社会秩序を維持して、その中で人々が円滑に生活していくための手段であり、人間関係調整のための道具である。

　しかし、ただの道具と軽く見るようなことがあれば、必ず「痛い目」にあうことになる。「法＝権利」の基底には正当性（第4講で述べた「正」の感覚）があり、それは「ただの仕来り」のようなものとは性格の異なる規範である。したがって、それは適切に上手に使われなければならないし、その他の社会規範ともうまく調和させて用いるべきであろう。第3講および第4講において詳しく述べたように、我々の社会生活を支えているルールは、幾重にも折り重なって存在している。あるときは慣習であったものが、法的な性格を色濃くもつようになることもあり、その逆もある。あるときは道徳であったものが、気がつけば法としての強制力を帯びていたなどということもありうるし、その逆の変化もないわけではない。人々は、そのような流動的な規範のシステムの中でそれぞれの「生」を営み、個々人が営む社会生活に法などの規範が影のように寄り添うのである。

【注】

67) この図式について解説した文献は少なからず存在するが、未開法研究にそれを応用しようとしたものとして、E. A. ホーベルによる言及（E. A. Hoebel, *The Law of Primitive Man*, Harvard Univ. Press, 1954, Chap.4）があり、そこにホーフェルト図式の論点が、M・レイディンの整理にそって、簡潔にまとめられている。なお、ホーフェルトの原典は、W. N. Hohfeld (1913), Some Fundamental Legal Conceptions as Applied in Judicial Reasoning, *23 Yale Law Journal* 16. レイディンの論稿は、M. Radin (1938), A Restatement of Hohfeld, 51 *Harvard Law Review* 1141.

68) ホーフェルト自身も、「法的「特権」に一番近い同義語は、法的「自由」だと言ってもよいであろう"The closest synonym of legal 'privilege' seems to be legal 'liberty.'"（p.41）」と述べている。

69) ホーフェルトは、論理的に表裏関係にあるペア（権利－義務、特権－無権利、権限－責務、免責－無権限）を「法的相関対（Jural Correlatives）」と表現し、論理的に背反関係にあるペア（権利－無権利、特権－義務、権限－無権限、免責－責務）を「法的逆向対（Jural Opposites）」と呼んでいる。（前掲Hohfeld, p.30）なお、「無権限」についてホーフェルト自身は"disability"という語を当てており、「権利」および「無権利」は複数形（"rights" "no-rights"）でも表示しているが、本書では（簡潔さを重視して）本文に上述したような語で表記することとした。

70) ここで"権利"と記しているのは、広義の権利（すなわち、「権利」「特権」「権限」「免責」の区別を明確にしていない総称としての権利）のことを指している。ホーフェルト自身も、「「権利」という言葉は、ケースによっては、特権であったり権限であったり免責であったりもするように、厳密な意味での権利とは異なる総称的な使われ方をすることがよくある"the term 'rights' tends to be used indiscriminately to cover what in a given case may be a privilege, a power, or an immunity, rather than a right in the strict sense"（p.30）」と述べている。また、この広義での"権利"に含まれる四つの（厳密な意味での）権利概念の意義を、ホーフェルト自身が前掲論文の末尾近くで、以下のように簡潔に言い表している。曰く、「権利とは他者に対する能動的要求であり、特権は他者の権利ないし要求に服さなくてもよい自由のことである。同様に、権限は他者に関わる法関係への能動的「制御」であり、免責はそのような法関係に関する他者の権限すなわち「制御」に服さなくてもよい自由である。"A right is one's affirmative claim against another, and a privilege is one's freedom from the right or claim of another. Similarly, a power is one's affirmative 'control' over a given legal relation as

against another; whereas an immunity is one's freedom from the legal power or 'control' of another as regards some legal relation." (p.55)」

71) ホーフェルト自身の論述の中にも、この点に関して、次のような言及がある。曰く、「税の控除について言えば、特権というよりも「免責」としたほうがより正確である。特権という言葉がそのような意味で用いられる例もあることは否定できないのであるが。"Exemption from taxation is more accurately described as an 'immunity' than as a privilege, although it is not to be denied that the latter word may sometimes and under some circumstances include such exemptions." (p.56)」

72) かつてアメリカにおいて、死刑に殺人の抑止効果が認められるかどうかの検証が試みられたことがある。W・J・チェンブリスによるこの古典的研究の成果によれば、「表出的（expressive）犯罪」には、「道具的（instrumental）犯罪」についてよりも、刑事的サンクションの効果が低く、同様に、当該の犯罪が「日常化（生活様式と化している状態）」している場合にはそうなっていない場合に比べてサンクションの効果は低いとの指摘がなされている。「表出的犯罪」の例としては殺人や麻薬関連犯罪、「道具的犯罪」の例としては交通犯罪やホワイトカラー犯罪が挙げられ、「日常化」の有無としてはプロの窃盗犯と一般人の万引き犯がその例として言及されている。William J. Chambliss (1967), Types of Deviance and the Effectiveness of Legal Sanctions, *Wisconsin Law Review* 703.

73) 前掲拙著『紛争と共感のリアリティ』は、この点、すなわち、紛争処理と紛争解決の対照性と相補性をテーマとして議論したものであると言うこともできる。

おわりに

　はじめにも述べたように、本書は「社会」「法」「紛争」「権利」の四つのテーマから成り立っている。そして、これらのテーマとの関連で、「社会規範（その類型と性質）」と「裁判（紛争処理と紛争解決）」にも話題が展開する。第1講および第2講が最初のテーマに着目し、第3講および第4講は第一のテーマと第二のテーマをつなぐ部分であって、第5講は第二のテーマに、第6講は第三のテーマに対応する。第7講以下は第四のテーマを主として念頭においているが、権利主張としての「裁判」にも言及する。その要点を簡単に振り返っておこう。

　第1講と第2講では、社会という抽象的な「概念」と我々一人ひとりの「実在」がどのようにつながるのかという観点から、社会とは何なのかということについて考察した。重要なのは、社会という装置は我々人間が生きていくために必要な「意味」というものを与えてくれるということである。人類は、すでに「意味」なしには生きていけない生物となってしまった。しかも、「意味」は、各人が勝手に作り出すことのできるものではなく、その具体的な内容は、各人の所属する社会ごとに制度化されている。SMAPは人類共通であるが、それぞれの皿に盛られる料理の味付けは必ずしも同じではない。我々はその味に慣らされ、それを当然のこと（当たり前）として受け入れていく。それが社会化であり、そのルールからはみ出す輩には社会統制の箍がはめられることになる。

　ルールを身につけていく過程はミクロの権力作用そのものである。社会的地位を付与された者はその地位に対応する社会的役割を引き受けることになる。その引き受けの過程が、自他の間で展開される自我の定着に向けたミクロの権力作用（つまり、自己呈示と他者の視線のせめぎあい）として現象する。そのルール自体に普遍的に備わった特性とはどの

ようなものか、社会規範のもつ根源的な特徴について考察したのが第3講である。ここに「リアリティ（現実）」という概念が登場する。ルールは「現実」に転化する。ルールは、その本質においては主観的な「合意」でありながら、物理的現実のような客観的重みもあわせもつ「現実」として、我々の行動を縛ってくるのである。

　これに関連して、社会規範を類型的に整理して議論したのが第4講である。我々の行動を縛る規範には、どのようなものがあるのか。それを「事実上の力（打算の世界）」と「べきの力（正と善の世界）」に分けて考えることから、規範としての法の特徴を明らかにして、他の規範から相対化することを試みた。法とは、その正当性（その秩序に備わる正当性の妥当）が損なわれないように社会が強制装置を用意してまで護ろうとするルールの意味内容のことである。その妥当が保障されることなく瓦解してしまえば、社会そのものが崩壊する、そういうルールが法となる。それは社会の根幹にかかわる規範であり、「善」の「べき」だけでは維持することのできない社会を、「正」の「べき」により組織化するものである。

　第5講では、そういう規範である法の全体像（つまり、遂行的に存在する不可視の行為規範から、紛争とその処理を経由することで可視的な法が社会の中に取り出され、それがまた遂行的な規範へと還流していく全体プロセス）を、エールリッヒとハートの法概念を参考にすることで簡潔に描き出してみた。また、第6講では、そこに登場する紛争という概念を「展開モデル」によって捉え理解することから、紛争処理と紛争解決のための枠組みに論及している。第5講と第6講を通じて強調したことは、「法」と「紛争」を一元的に捉えることで＜法＞の真の姿が見えてくるということでもあった。法が存在しないところでは（裸の対立はあっても）紛争は生じないし、紛争がなければ法が自覚化されることもない。

第7講では、権利の概念を確認し、そうした観念がどのようにして世界標準の存在になったのか、その過程を近代化と産業化（資本主義化）の歴史とともに見てみた。身分秩序に基づく階層社会における権力関係が、経済の拡大に伴って上部構造も（近代哲学、近代科学、宗教改革などを通じて）さまざまに近代化することにより、（普遍的な人間関係調整ツールとしての権利を核とする）権利関係として全社会的な通用性を増大させていくのである。しかしながら、そうした権利の伸張は、現代にあっては制御不能のグローバリゼーションの波としても現象してきている。

　その意味からも、権利観念を核とする西欧法体系を継受した我が国における「権利」の位置づけについて考えてみることには特別の意義があるように思われる。第8講で述べた、いわゆる「日本人の法意識」論である。近代的権利の特徴である絶対性と観念性に関して、日本文化の中での権利の位置づけには、独自の性質を見出すことができる。私はそれを「オネガイ文化」と呼び、「クレーム文化」と対比させている。上述した「制御不能のグローバリゼーション」について考えるとき、この日本文化的特質には、むしろ何らかのポジティブな面も見てとることができるのではないだろうか。そんな思いも込めて、日本人・日本文化にとっての権利とは、という視角から論点を整理してみた。

　第9講では、日本社会において「権利主張」をするということはどのような意味をもつことなのか、権利主張の典型的ないし究極的な形である「訴訟」を中心に考えてみた。第10講では、考察の対象であった権利という概念自体を法概念の原理の中に位置づけ、「権利＝法」が社会秩序の維持に用いられる洗練された道具であることを確認した。どちらも、第7講および第8講で述べたことを基にした展開であるが、権利について議論する際には、是非とも踏まえておきたい必須の考察事項であると思われる。また、これらの話題はこれまでにも学界において広く議

論されてきたものではあるが、本書では、従前のものとは異なる新たな視角を示すことによって、議論そのものの意義を再生させることを試みている。

　このようにして、社会・法・紛争・権利のあれこれを述べてきた。本文では、厳密な論述を志向しつつも、主たる力点は、法と社会の諸問題についての一つの「叙説」となるように配慮して文章構成を行った。甘い「蜜」の味である。いっぽう、学術的な詳細については、主として注の中に厳密な「蜜」を忍ばせてある。こちらは少々大人の味がするかもしれないが、どちらもそれなりに楽しんでいただけるものと、著者は「密か」に期待している。

参照文献一覧（姓アルファベット順）：

- 阿部謹也『ハーメルンの笛吹き男』ちくま文庫、1988年
- 同『ヨーロッパを見る視角』岩波書店、1996年
- 同『近代化と世間』朝日新書、2006年
- Peter L. Berger & Thomas Luckmann, *The Social Construction of Reality*, Doubleday, 1966
- P・L・バーガー他（山口節郎訳）『日常世界の構成』新曜社、1977年
- William J. Chambliss (1967), Types of Deviance and the Effectiveness of Legal Sanctions, *Wisconsin Law Review* 703
- 陳舜臣『儒教三千年』中公文庫、2009年
- 江原由美子『生活世界の社会学』勁草書房、1985年
- Eugen Ehrlich, *Grundlegung der Soziologie des Rechts*, 1913 (Duncker & Humblot, 1929)
- E・エールリッヒ（河上倫逸他訳）『法社会学の基礎理論』みすず書房、1984年
- Roger Fisher & William Ury, *Getting To Yes*, Random House, 1981, 1991
- R・フィッシャー他（金山宣夫他訳）『新版ハーバード流交渉術』（原著改訂版邦訳）TBSブリタニカ、1998年
- Roger Fisher & Daniel L. Shapiro, *Beyond Reason*, Harvard Negotiation Project, 2005.（Penguin Books, 2006）
- R・フィッシャー他（印南一路訳）『新ハーバード流交渉術』講談社、2006年
- Erich Fromm, *The Art of Loving*, Unwin Paperbacks, 1975 (originally published in 1957)

- E・フロム（鈴木晶訳）『愛するということ』紀伊國屋書店、1991年
- Anthony Giddens, *Runaway World*, 2nd ed. Routledge, 2003
- A・ギデンズ（佐和隆光訳）『暴走する世界』（原著第1版邦訳）ダイヤモンド社、2001年
- Anthony Giddens, *Sociology*, 6th ed., Polity Press, 2009
- Erving Goffman, *The Presentation of Self in Everyday Life*, Anchor Books, 1959
- 羽下徳彦『点景の中世：武家の法と社会』吉川弘文館、1997年
- John Owen Haley (1978), The Myth of the Reluctant Litigant, 4 *Journal of Japanese Studies* 359
- J・O・ヘイリー（加藤新太郎訳）「裁判嫌いの神話（上・下）」判例時報902・907号、1978・1979年
- H. L. A. Hart, *The Concept of Law*, Oxford Univ. Press, 1961 (2nd ed., 1994)
- Georg Wilhelm Friedrich Hegel, *Grundlinien der Philosophie des Rechts*,（1821）Suhrkamp, 1986
- E. Adamson Hoebel, *The Law of Primitive Man*, Harvard Univ. Press, 1954
- Wesley Newcomb Hohfeld (1913), Some Fundamental Legal Conceptions as Applied in Judicial Reasoning, 23 *Yale Law Journal* 16
- 池田謙一『社会のイメージの心理学』サイエンス社、1993年
- 池田清彦『正しく生きるとはどういうことか』新潮社、1998年
- 井上浩一『生き残った帝国ビザンティン』講談社学術文庫、2008年
- 井坂洋子『<詩>の誘惑』丸善ブックス、1995年
- 石村善助『法社会学序説』岩波書店、1983年
- 伊東俊太郎『十二世紀ルネサンス』講談社学術文庫、2006年
- 岩井克人『ヴェニスの商人の資本論』ちくま学芸文庫、1992年

- 岩井奉信「立法過程の政治学」法社会学44号、1992年
- R・イェーリング（村上淳一訳）『権利のための闘争』（Rudolf von Jhering, *Der Kampf um's Recht*, 1872）岩波文庫、1982年
- 加地伸行『儒教とは何か』中公新書、1990年
- 金谷治（訳注）『論語』岩波文庫、1999年
- 加藤尚武『ヘーゲルの「法」哲学』青土社、1993年
- 川島武宜『日本人の法意識』岩波新書、1967年
- 菊池良生『神聖ローマ帝国』講談社現代新書、2003年
- 丸山徹『アダム・スミス『国富論』を読む』岩波書店、2011年
- Karl Marx, *Das Kapital : Kritik der Politischen Ökonomie*, (1867) 39.Auflage 2008, Karl Dietz Verlag Berlin
- K・マルクス（武田隆夫他訳）『経済学批判』岩波文庫、1956年
- Abraham H. Maslow, *Motivation and Personality*, 3rd ed., Longman, 1987
- A・マズロー（小口忠彦訳）『（改訂新版）人間性の心理学』（原著第2版邦訳）産業能率大学出版部、1987年
- 松浦正浩『実践！交渉学：いかに合意形成を図るか』ちくま新書、2010年
- George Herbert Mead, *Mind, Self, and Society*, Univ. of Chicago Press, 1934（Paperback 1967）
- G・H・ミード（河村望訳）『精神・自我・社会』人間の科学社、1995年
- Roscoe Pound (1906), The Causes of Popular Dissatisfaction with the Administration of Justice, 29 *A.B.A. Report* 395（reprinted in 35 *Federal Rules Decisions* 273）
- Max Radin (1938), A Restatement of Hohfeld, 51 *Harvard Law Review* 1141

- John Rawls, *A Theory of Justice* REVISED EDITION, Havard Univ. Press, 1999
- J・ロールズ（川本隆史他訳）『正議論（改訂版）』紀伊國屋書店、2010年
- 歴史学研究会編『紛争と訴訟の文化史』青木書店、2000年
- Michael J. Sandel, *Justice*, Penguin Books, 2010（first published in 2009）
- M・サンデル（鬼澤忍訳）『これからの「正義」の話をしよう：いまを生き延びるための哲学』早川書房、2010年
- Alfred Schutz, On Multiple Realities, in *Collected Paper 1*（Maurice Natanson, ed.）, Mrtinus Nijhoff, 1962
- Adam Smith, *An Inquiry into the Nature and Causes of the Wealth of Nations*,（1776）Penguin Books, 1999.
- Reginald Smith, *Justice and the Poor*, The Merrymount Press, 1919.
- 平英美・中河伸俊編『新版・構築主義の社会学』世界思想社、2006年
- 田中秀央編『羅和辞典』研究社、1966年
- 寺澤芳雄他編『英語語源辞典』研究社、1997年
- 苫米地英人『「イヤな気持ち」を消す技術』フォレスト出版、2012年
- 上野千鶴子編『構築主義とは何か』勁草書房、2001年
- William Ury, *Getting Past No*, Bantam Books, 1991, 1993
- W・ユーリー（斎藤精一郎訳）『ハーバード流NOと言わせない交渉術』（原著初版邦訳）三笠書房、2000年
- 和田安弘「軽微紛争処理に関する理論的一考察」東京都立大学法学会雑誌26巻2号、1985年
- 同「日本人が権利と向き合う時」国際人流40号、1990年
- 同『法と紛争の社会学：法社会学入門』世界思想社、1994年
- 同「KT世代の権利観念」大阪女子大学人間関係論集14号、1997年

- 同「理解枠組みとしてのオネガイ文化」大阪女子大学人間関係論集16号、1999年
- 同「トラブルの展開」(和田仁孝他編『交渉と紛争処理』日本評論社、2002年)
- 同『紛争と共感のリアリティ：「リアリティの共有」に関する法社会学的考察』大阪公立大学共同出版会、2012年
- 渡辺尚志『武士に「もの言う」百姓たち：裁判でよむ江戸時代』草思社、2012年
- 渡邉義浩『儒教と中国：「二千年の正統思想」の起源』講談社選書メチエ、2010年
- 渡辺洋三『法を学ぶ』岩波新書、1986年
- Max Weber, Soziologische Grundbegriffe, in *Wirtschaft und Gesellschaft*, 1922 (5Auflage, 1972, J.C.B.Mohr)
- M・ウェーバー(阿閉吉男・内藤莞爾訳)『社会学の基礎概念』角川文庫、1974年
- Herbert G. Wells, The Country of the Blind, in *The Collector's Book of Science Fiction by H. G. Wells*, Castle Books, 1978 (originally published in 1904)
- H・G・ウェルズ(橋本槇矩訳)「盲人国」(『タイム・マシン他九篇』岩波文庫)、1991年
- 横山紘一『ルネサンス』講談社学術文庫、1993年

(英文要旨)

A Narrative Sociology of Law
Yasuhiro WADA

This essay depicts the diverse character of the author's lectures on sociology of law at Osaka Prefecture University. Drawing on the author's recently published book, *Realities of Conflict and Compassion*, the central themes of his lectures are explicated in a detailed narrative. Theoretical observations are illustrated with familiar examples to articulate the disciplines of sociology of law and conflict resolution. Beginning with the essence of society and socialization, the author highlights the various social norms and the social order established through social dynamics of dispute processing within legal system. The concept of right is also examined historically as well as theoretically in relation to the legal system.

【著者紹介】

和田　安弘（わだ　やすひろ）

- 1951年　東京都荒川区で出生
  - 東京下町に生まれ育つ（1960年に埼玉県戸田市へ転居）
  - 64-67 市立東中学校・67-70 県立浦和高等学校
- 1970年　東京都立大学法学部に入学
  - 70-74 学生・74-81 院生（77-79は米国大学院Ph. D. 課程在籍）
  - 81年-86年 東京都立大学法学部助手
  - 86年-88年 立教大学ほか複数の大学で非常勤講師
- 1988年　大阪女子大学学芸学部（講師・89年助教授・96年教授）
  - 91年-92年 英国大学院において在外研究
  - 99年 大阪女子大学学部改組により、人文社会学部教授
- 2005年　府大学統合により、大阪府立大学人間社会学部教授

- 現在　大学（高等教育推進機構）・大学院（人間社会学研究科）教授
  - 博士（人間科学）
  - 賞罰なし（天罰あり：骨折3回、アキレス腱断裂1回）

あとがき

　日本で法社会学を専攻する者の間でも、石村善助（1924-2006）博士の名は、一部の者を別として、すでに過去のものとなったように思われる。石村教授（当事）は、1972年から東京都立大学法学部の専門科目として「法社会学演習」を開講した。私はその演習の第一期生である。当時の法社会学の学問領域は文字通り学際的であり、演習の守備範囲も、法学と社会学をベースに哲学・心理学・人類学・言語学・経済学など多岐にわたった。十分に理解の及ばない教材もあったが、先生も学生も一緒に「勉強」した。そんな時代であったことが今でも懐かしく思い出される。

　戦後に本格的に始動した日本の法社会学は、主として民法学を基点に、欧米の学問を範として手探りで歩を進めていった。法社会学者・石村善助の学問の歩みもまた、そのような情熱と放浪の旅であった、と思われる。形成途上の学問を担おうとする自負と、徐々に拡大していく手ごたえに支えられながら、法社会学という日本の法学界にあっての「はぐれもの」と付き合う覚悟のようなものを持たれていたと思われる。日本の高度成長の波に乗ることに関心のなかった幾人かの若者たちはその非定型さに惹かれ、師もまたそうした「はぐれ者」に規格外の可能性を感じていたのではないだろうか。

　落ち着かない大学生活も4年目の夏を迎えようとしていた私に、石村先生は大学院進学を勧めてくださり、院生時代にはフルブライト交換留学に誘ってくださり、最初の公刊論文のアイデアも示唆してくださった。その後も、学部助手（助教）時代を経て現在に至るまで、私を導いてくれた道標の原点に石村法社会学との出会いがあり、そこで初めて目にした学問の景色は今なお鮮明に記憶されている。

　ここに公刊した『法社会学叙説』は、師の著書『法社会学序説』のパロディ版である。これまでに著したものと比べると、小さくささやかな企画である。しかし、パロディはそのタイトルだけであり、内容的には私なりの「法社会学」のエッセンスが、かなり濃密に盛り込まれている。学生諸君からも沢山のヒントをいただき、「わかる法社会学」を目指して書かれたものである。そして、これまでに著したどの論文・著書よりも、実はとても気に入っている。この「まじめなパロディ」を、師に献呈し、その学恩に感謝の意を表したい。

　今回の出版にあたっても、OMUPの皆様には大変お世話になりました。前著同様に、丁寧な編集をしていただきまして、ありがとうございました。

　　　　　　　　　　　　　　　2015年3月　大阪にて　著者

OMUPブックレット　刊行の言葉

　今日の社会は、映像メディアを主体とする多種多様な情報が氾濫する中で、人類が生存する地球全体の命運をも決しかねない多くの要因をはらんでいる状況にあると言えます。しかも、それは日常の生活と深いかかわりにおいて展開しつつあります。時々刻々と拡大・膨張する学術・科学技術の分野は微に入り、細を穿つ解析的手法の展開が進む一方で、総括的把握と大局的な視座を見失いがちです。また、多種多様な情報伝達の迅速化が進む反面、最近とみに「知的所有権」と称して、一時的にあるにしても新知見の守秘を余儀なくされているのが、科学技術情報の現状と言えるのではないでしょうか。この傾向は自然科学に止まらず、人文科学、社会科学の分野にも及んでいる点が今日的問題であると考えられます。

　本来、学術はあらゆる事象の中から、手法はいかようであっても、議論・考察を尽くし、展開していくのがそのあるべきスタイルです。教育・研究の現場にいる者が内輪で議論するだけでなく、さまざまな学問分野のさまざまなテーマについて、広く議論の場を提供することが、それぞれの主張を社会共通の場に提示し、真の情報交換を可能にすることに疑いの余地はありません。

　活字文化の危機的状況が叫ばれる中で、シリーズ「OMUPブックレット」を刊行するに至ったのは、小冊子ながら映像文化では伝達し得ない情報の議論の場を、われわれの身近なところから創設しようとするものです。この小冊子が各種の講演、公開講座、グループ読書会のテキストとして、あるいは一般の講義副読本として活用していただけることを願う次第です。また、明確な主張を端的に伝達し、読者の皆様の理解と判断の一助になることを念ずるものです。

平成18年3月

OMUP設立五周年を記念して
大阪公立大学共同出版会（OMUP）

OMUPの由来

大阪公立大学共同出版会（略称ＯＭＵＰ）は新たな千年紀のスタートともに大阪南部に位置する５公立大学、すなわち大阪市立大学、大阪府立大学、大阪女子大学、大阪府立看護大学ならびに大阪府立看護大学医療技術短期大学部を構成する教授を中心に設立された学術出版会である。なお府立関係の大学は2005年４月に統合され、本出版会も大阪市立、大阪府立両大学から構成されることになった。また、2006年からは特定非営利活動法人（NPO）として活動している。

Osaka Municipal Universities Press (OMUP) was established in new millennium as an association for academic publications by professors of five municipal universities, namely Osaka City University, Osaka Prefecture University, Osaka Womens's University, Osaka Prefectural College of Nursing and Osaka Prefectural College of Health Sciences that all located in southern part of Osaka. Above prefectural Universities united into OPU on April in 2005. Therefore OMUP is consisted of two Universities, OCU and OPU. OMUP has been renovated to be a non-profit organization in Japan since 2006.

OMUPブックレット No.49

法社会学叙説
―― 法と社会についての「蜜」談 ――

2015年３月25日　初版第１刷発行

著　者　　和田　安弘
発行者　　足立　泰二
発行所　　大阪公立大学共同出版会（OMUP）
　　　　　〒599-8531　大阪府堺市中区学園町１−１
　　　　　大阪府立大学内
　　　　　TEL 072(251)6533　FAX 072(254)9539
印刷所　　和泉出版印刷株式会社

©2015 by Yasuhiro Wada, Printed in Japan
ISBN978−4−907209−33−9